Japanese
Sentence Patterns for JLPT N5
TRAINING BOOK

Noboru Akuzawa

First Published 2018 by Amazon Digital Services LLC

Copyright © Noboru Akuzawa 2018

ISBN: 9781724124265

All rights reserved. No part of this publication may be reproduced, distributed, or transmitted in any form or by any means, including photocopying, recording, or other electronic or mechanical methods, without the prior written permission of the publisher, except in the case of brief quotations embodied in critical reviews and certain other noncommercial uses permitted by copyright law. For permission requests, write to the publisher, addressed "Attention: Permissions Coordinator," at the address or the email below.

Noboru Akuzawa
Kume 1555-1,
Tokorozawa,Saitama,
359-1131,Japan

Email: akuzawa@gmail.com

Contents

- **Preface** 5
- **Learning Methods / how to utilize this book** 6

わたしのAはBです。 My A is B. 14
の (no) -1: of (possessive particle) 16
だ / です (da / desu) " to be" (copula) 22
午前9時5分です。 It's 9：05AM. 32
〜がある (ga aru)、〜がいる (gairu) describing the existence 34
Informal past tense for u-verbs 40
Informal past tense for u-verbs(exceptions) 44
verbs なかった (nakatta) Past-negative tense for all verbs 50
数え方 Counters 001 53
数え方 Counters 002 56
助詞（The Particle）で (de)-1, "in, at, on" 63
で (de)-2？"with, by" 66
na-adjective ない（nai) form (Negative, Non-Past) 73
とき (toki) "when" 82
ほうがいい (hou ga ii) "had better, should" 88
Period + に (ni) + frequency 91
ない（nai)＋ほうがいい (hou ga ii) "It'd be better to not do something" 93
V[て -form] ください。"Please do…." 104
いちばん (ichiban) " the most, the best" 113
か (ka) " A or B, choice between 2 objects" 116
いつ (itsu) "when" 118
から (kara) "because, since" 121
から (kara) "from,since" 124
くらい (kurai) "about, approximately" 129
まだ (mada) "still, not yet" 132

ましょう (mashou) "let's, shall we"	138
も (mo) "also, too, as well"	140
に (ni)" in, at, to, for"	151
Destination Particles に (ni) and へ (e) "to"	153
にいく (ni iku)"to go in order to"	155
にする (nisuru)" to decide on"	158
の (no) -2: Verb nominalizer	161
ので (node)"because of; the reason is that; given that"	170
すぎる (sugiru) "too much"	173
たい (tai) "want to"	176
たことがある (takotoga aru)"have done before"	179
誰と (dare to): with whom	183
てください (tekudasai)"please do…"	186
てもいい (temo ii): "is okay, is alright to, can"	191
てから (tekara) "after doing"	195
なんばん (nan ban) what number	198
てはいけない (tewaikenai): must not, may not	201
と (to): and, with	204
つもりだ (tsumori da) "plan to, intend to"	207
どこ (doko) "where"	210
より ~ のほうが ~ (yori ~ nohouga ~) "is more ~ than"	...215

■ A simple way to build vocabulary in a foreign language through the Read-Aloud Method 218
■ Japanese Lessons on line 225
■ Send Us Your Feedback 226

■ Preface

Learning a language is a long journey. Are you heading ahead on the right path? If you take the wrong way, you will not achieve your goal and your time and effort spent on will be in vain.

In myself, I had a hard time to communicate in a foreign language at the beginning. I felt frustrated and helpless.

However, I finally discovered a quite effective learning approach. Thanks to making efforts through this approach, now I can write, listen, speak, and enjoy communication in a foreign language.

By my experience of practicing this approach for more than ten years, I am convinced that this is one of the most effective learning approaches for any language learners. I share my learning methods with you as much as I can.

One of the most important methods I will share is Sentence Pattern Method (SPM). Sentence Pattern Method is the sentence template that contains constants and variables. This is similar to the mathematical formula.

Also, I will tell you how to utilize "Read-aloud Method" to print sentence patterns in your memory and to open the door to boost your Japanese communications skills.

■ Learning Methods / how to utilize this book

I have 2 learning methods which I recommend to you.

① Sentence Pattern Method (to install grammar rules in your brain)

② Read-aloud Method (to strengthen your memory)

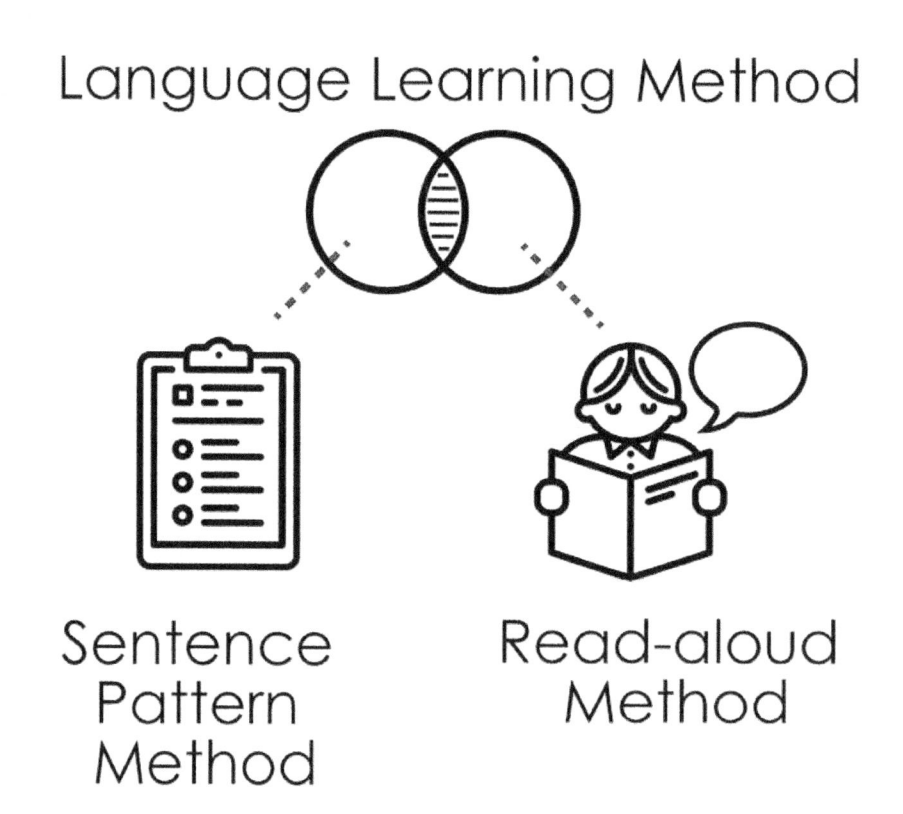

Language Learning Method

Sentence Pattern Method

Read-aloud Method

1.Sentence Pattern Method

If you have Genki or any textbook, you will eventually come to the conclusion that while they get you started, you are still lacking skills in that language. So what can you do? Let's try the Sentence Pattern approach!

When you find some Japanese expressions which you want to acquire, I recommend you to collect several Japanese sentences (around 5 to 7) which have the common structure. Additionally, if you prepare an English(or your mother tongue) translation of the sentences, that would be great.

It is good for you to understand simple formulas for sentences. After understanding and practicing these patterns and you can stick words in... and create your own sentences! You can see an example of the following:

日本語 / にほんご / Japanese

(1) 地下鉄はどこですか。

(2) トイレはどこですか。

(3) 博物館はどこですか。

(4) 渋谷駅はどこですか。

(5) 郵便局はどこですか。

英語 / えいご / English

(1) Where is the subway?

(2) Where is the bathroom?

(3) Where is the museum?

(4) Where is Shibuya station?

(5) Where is the post office?

ひらがな / Hiragana

(1) ちかてつは どこ ですか。

(2) といれは どこ ですか。

(3) はくぶつかんは どこ ですか。

(4) しぶやえきは どこ ですか。

(5) ゆうびんきょくは どこ ですか。

ローマ字 / Roman letters

(1) Chikatetsu wa doko desuka.

(2) Toire wa doko desuka.

(3) Hakubutsukan wa doko desuka.

(4) Shibuya eki wa doko desuka.

(5) Yûbinkyoku wa doko desuka.

After checking them out, it would not difficult for you to find a common pattern among them. Now you can make your own sentence by switching the first noun in the sentence. That's quite simple, isn't it?

After learning sentence patterns, you can create a variety of sentences and not to be limited to one or two patterns each time you speak or write.

Also, you can more easily correct sentences because you'll know how sentences are built. You'll understand the parts of a clause and how they fit together.

However, I have to admit that knowing sentence patterns is not enough. We need to practice to help set them more firmly in our memory. So, I am going to tell you another method.

2.Read-aloud Method

To tattoo these expressions in your brain, I recommend you to read a group of sentences out loud 60 times in total(I do it at least 80 times).To begin with, you can focus on reading only Japanese sentences out loud to remember them 4 times.

Also, don't forget to take a note about how many times you read. This is very important!

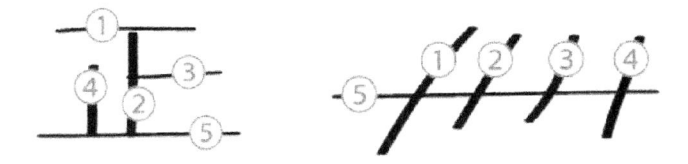

After reading Japanese sentences out loud twice, please take a look at English sentences and check whether you can translate them into Japanese correctly or you can't.

This is not only a self-checking process but also an important process that helps you clarify the meaning of Japanese words, expressions, and sentence patterns in your brain.

If you can't do it well, please don't worry about it. Let's read the Japanese sentences out loud twice again.

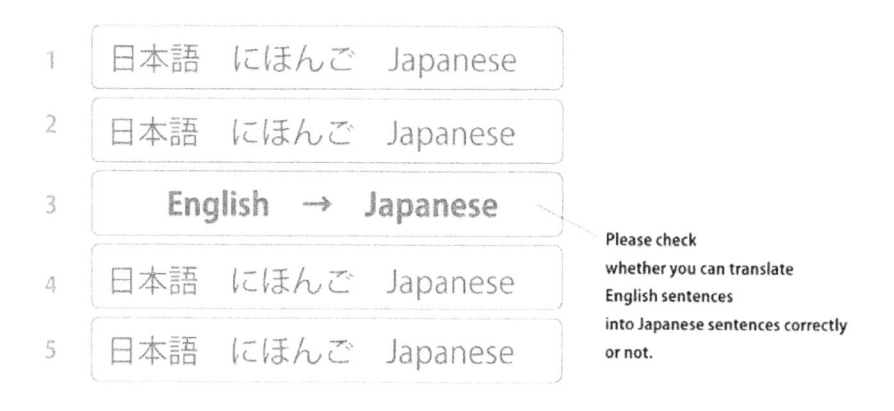

1	日本語	にほんご	Japanese
2	日本語	にほんご	Japanese
3	English	→	Japanese
4	日本語	にほんご	Japanese
5	日本語	にほんご	Japanese

Please check whether you can translate English sentences into Japanese sentences correctly or not.

This is a basic routine of the Read-Aloud Method. I recommend you to practice this basic routine three times a day.

At the second time of the routine, you will check whether you can translate the English sentences into Japanese sentences again. I'm sure you can do better than you did last time.

At the third time, you would be more accurate than before.

So, you read a group of sentences out loud 15 times a day. It takes only 5 or 10 minutes a day.

I recommend you to read a group of Japanese sentences with common structure out loud 60 times in total. So, you will basically master one sentence pattern in 4 days.

1day

15 times   X   4 days = 60 times

After that, you would feel that it is difficult for you to forget the sentence pattern you read out loud. In addition, when you speak to Japanese speakers, your brain would try to get opportunities to use it in actual conversations. Please let your brain allow to make conversation with the sentence pattern you mastered!

I believe this method helps you boost your communication skills in Japanese!

[語句のヒント] (1)日本を発つ leave Japan ... (3)立ち寄る stop in (4)タイ Thailand (5)国立病院 ... pital (6)入院する be hospitalized

[英訳]
- (1) Do you know when he's going to ...
- (2) Do you know when the bus fares ...
- (3) Do you know when he stopped ... day?
- (4) Do you know when he's going to ... Thailand?
- (5) Do you know when he's going to ... tal?
- (6) Do you know when he's going to be ...

••• ワンポイント解説 •••
バスの料金には通勤、通学、定期の種類、... いろ種類があります。従って bus fares と複数 ...

where + 主語 + 動詞

[練習問題] 下記の和文を英訳せよ。
(1) 私はどこでこれを買ったか覚えていません。
(2) 私は彼が今どこにいるのか見当がつきません。
(3) 私は彼がどこでバスを降りたのか知りません。
(4) 市役所はどこにあるのか教えて貰えますか。
(5) フランス大使館はどこにあるのか教えて貰えますか。
(6) どこで電車を乗り換えたら良いか教えて貰えますか。

[語句のヒント] (1)覚えている remember (2)見当がつかない have no idea (3)降りる get off the bus (4)市役所 City Hall 教えて貰え ますか Can you tell me ...? (5)フランス大使館 French Embassy (6)電車を乗り換える change trains

[英訳]
- (1) I don't remember where I bought this.
- (2) I have no idea where he is now.
- (3) I don't know where he got off the bus.
- (4) Can you tell me where City Hall is?
- (5) Can you tell me where the French Embassy is?
- (6) Can you tell me where I should change trains?

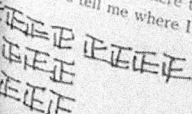

わたしのAはBです。My A is B.

This expression is useful when you introduce yourself in Japanese.

My A is B.
わたしのAはBです。
Watashi no A wa B desu

日本語 / にほんご / Japanese

(1) 私の名前は クリスです。

(2) 私の名前はミッシェルです。

(3) 私の趣味は空手です。

(4) 私の趣味は旅行です。

(5) 私の趣味はカラオケです。

(6) 私の趣味は読書です。

(7) 私の仕事は教師です。

英語 / えいご / English

(1) My name is Chris.

(2) My name is Michelle.

(3) My hobby is Karate.

(4) My hobby is traveling.

(5) My hobby is karaoke.

(6) My hobby is reading books.

(7) My job is a teacher.

ひらがな / Hiragana

(1) わたしの なまえは クリス です。

(2) わたしの なまえは ミッシェル です。

(3) わたしの しゅみは からて です。

(4) わたしの しゅみは りょこうです。

(5) わたしの しゅみは カラオケ です。

(6) わたしの しゅみは どくしょ です。

(7) わたしの しごとは きょうし です。

ローマ字 / Roman letters

(1) Watashi no namae wa kurisu desu.

(2) Watashi no namae wa Michelle desu.

(3) Watashi no syumi wa karate desu.

(4) Watashi no syumi wa ryokou desu.

(5) Watashi no syumi wa karaoke desu.

(6) Watashi no syumi wa dokusyo desu.

(7) Watashi no shigoto wa kyôshi desu.

の (no) -1: of (possessive particle)

Meaning: of / possessive particle (indicates possessive)

When の is placed between two nouns, it can act as a possessive particle. の is a particle used to indicate possession. This is similar to the English possessive " 's ".

Noun A の Noun B = Noun A's Noun B

For example :
お父さんの机 / おとうさんのつくえ (Father's Desk).

Formation: Noun 1 + の + Noun 2

日本語 / にほんご / Japanese
(1) 私の名前はテイラーだ / テイラーです。
(2) 彼の名前はイチローだ / イチローです。
(3) 私の仕事は営業だ / 営業です。
(4) 弟の仕事は医者だ / 医者です。
(5) 私たちの趣味は野球だ / 野球です。
(6) 彼女の出身地はアリゾナだ / アリゾナです。
(7) 彼らの出身地は大阪だ / 大阪です。

ことばと表現 / Words & Expressions

私【わたし (watashi)】I

名前【なまえ (namae)】name

仕事【しごと (shigoto) 】job

営業【えいぎょう (eigyou) 】sales

医者【いしゃ (isya) 】doctor

趣味【しゅみ (syumi) 】hobby

野球【やきゅう (yaky?) 】baseball

出身【しゅっしん (syusshin)】birthplace, a native of

英語 / えいご / English

(1)My name is Taylor.

(2)His name is Ichiro.

(3)My job is sales.

(4)My younger brother's job is a doctor.

(5)Our hobby is baseball.

(6)Her birthplace is Arizona. (She is from Arizona.)

(7)Their birthplace is Osaka. (They are from Osaka.)

ひらがな / Hiragana

(1) わたしの なまえは ていらーだ / ていらーです。

(2) かれの なまえは いちろーだ / いちろーです。

(3) わたしの しごとは えいぎょうだ / えいぎょうです。

(4) おとうとの しごとは いしゃだ / いしゃです。

(5) わたしたちの しゅみは やきゅうだ / やきゅうです。

(6) かのじょの しゅっしんちは ありぞなだ / ありぞなです。

(7) かれらの しゅっしんちは おおさかだ / おおさかです。

ローマ字 / Roman letters

(1) Watashi no namae wa teirâda/ teirâ desu.

(2) Kare no namae wa ichirô da/ ichirô desu.

(3) Watashi no shigoto wa eigyô da/ eigyô desu.

(4) Otôto no shigoto wa isha da/ isha desu.

(5) Watashi tachi no shumi wa yakyû da/ yakyû desu.

(6) Kanojo no shusshin-chi wa Arizona da/ Arizona desu.

(7) Karera no shusshin-chi wa ôsaka da/ôsaka desu.

The Topic Marker は "wa"

Topic is something that you and your conversation partner(s) have been talking about. It is sometimes called "old information."

The topic marker -wa roughly corresponds to English 'as for'.

(Example)
私の仕事は教師です
わたしの しごとは きょうし です
 Watashi no shigoto wa kyôshi desu

English

As for my job, (it) is a teacher.   ->   My job is a teacher.

日本語 / にほんご / Japanese
(1) 私はフランシスです。
(2) 私はテキサス出身です。
(3) 彼は学生です。
(4) 彼はアメリカ出身です。
(5) 彼女は歌手です。
(6) 彼女は看護師です。

ことばと表現 / Words & Expressions

出身【しゅっしん】one's hometown/ one's birthplace.

英語 / えいご / English

(1)I am Francis.

(2)I'm from Texas.

(3)He is a student.

(4)He is from America.

(5)She is a singer.

(6)She is a nurse.

ひらがな / Hiragana

(1) わたしは ふらんしす です。

(2) わたしは てきさす しゅっしん です。

(3) かれは がくせい です。

(4) かれは あめりか しゅっしん です。

(5) かのじょは かしゅ です。

(6) かのじょは かんごし です。

ローマ字 / Roman letters

(1)Watashi wa Fransis desu.

(2)Watashi wa Tekisasu syusshin desu.

(3)Kare wa gakusei desu.

(4)Kare wa Amerika syusshin desu.

(5)Kanojo wa kasyu desu.

(6)Kanojo wa Kangoshi desu.

だ / です (da / desu) " to be" (copula)

Meaning: to be (copula)

Formation: Present affirmative: だ (plain); です (polite)

日本語 / にほんご / Japanese

(1) 妹は学生だ / 学生です。

(2) 弟は医者だ / 医者です。

(3) 私はアメリカ人だ / アメリカ人です。

(4) 天気は晴れだ / 晴れです。

(5) 天気は雨だ / 雨です。

(6) 天気は曇りだ / 曇りです。

英語 / えいご / English

(1)My younger sister is a student.

(2)My younger brother is a doctor.

(3)I'm an American.

(4)The weather is sunny.

(5)The weather is rainy.

(6)The weather is cloudy.

ひらがな / Hiragana

(1) いもうとは がくせい だ / がくせい です。

(2) おとうとは いしゃ だ / いしゃ です。

(3) わたしは めりかじん だ / あめりかじん です。

(4) てんきは はれ だ / はれ です。

(5) てんきは あめだ / あめ です。

(6) てんきは くもりだ / くもり です。

ローマ字　/ Roman letters

(1)Imôto wa gakusei da / gakusei desu.

(2)Otôto wa ishada / isha desu.

(3)Watshi wa Amerika jin da / Amerika jin desu.

(4)Tenki wa hare da / hare desu.

(5)Tenki wa ame da / ame desu.

(6)Tenki wa kumori da / kumori desu.

Question marker か ka

か（Ka）makes questions, both plain and polite. It is placed at the end of a sentence, somewhat like a question mark.

日本語 / にほんご / Japanese
(1) あなたの名前は何ですか。
(2) あなたの出身はどこですか。
(3) あなたの住所はどこですか。
(4) あなたのメールアドレスは何ですか。
(5) ご兄弟は何人ですか。
(6) お手洗いはどこですか。

ことばと表現 / Words & Expressions
メールアドレス【---】e-mail address
お手洗い【おてあらい】restroom

英語 / えいご / English
(1) What's your name?
(2) Where are you from?
(3) What is your address?

(4) What is your email address?

(5) How many siblings do you have?

(6) Where is the restroom?

ひらがな / Hiragana

(1) あなたの なまえは なん ですか

(2) あなたの しゅっしんは どこ ですか

(3) あなたの じゅうしょは どこ ですか

(4) あなたの めーるあどれすは なんですか

(5) ごきょうだいは なんにん ですか。

(6) おてあらいは どこですか

ローマ字 / Roman letters

(1) Anata no namae wa nan desu ka.

(2) Anata no syusshin wa doko desu ka.

(3) Anata no jyusho wa doko desuka.

(4) Anata no meeru adoresu wa nan desuka.

(5) Go kyôdai wa nan nin desuka.

(6) O tearai wa doko desuka.

これはいくらですか？ Kore wa ikura desu ka? (How much is this?)

これはいくらですか？

Kore wa ikura desu ka?

You use this when you want to ask how much something costs in a store.

日本語 / にほんご / Japanese

(1) これはいくらですか？

(2) このラーメンはいくらですか？

(3) この食べ物はいくらですか？

(4) あのたこ焼きはいくらですか？

(5) あのぼうしはいくらですか？

英語 / えいご / English

(1) How much is this?

(2) How much is this Ramen?

(3) How much is this food?

(4) How much is that Takoyaki?

(5) How much is that hat/cap?

ひらがな / Hiragana

(1) これ は いくら ですか？

(2) この らーめんは いくら ですか？

(3) この たべものは いくら ですか？

(4) あの たこやきは いくら ですか？

(5) あの ぼうしは いくら ですか？

ローマ字 / Roman letters

(1) Kore wa ikura desu ka?

(2) Kono râmen wa ikura desu ka?

(3) Kono tabemono wa ikura desu ka?

(4) Ano takoyaki wa ikura desu ka?

(5) Ano bôshi wa ikura desu ka?

は…どこですか…wa doko desuka （Where can I find…?）

Meaning: Where is…?

Formation:　(place)　はどこですか

日本語 / にほんご / Japanese
(1) 地下鉄はどこですか。
(2) トイレはどこですか。
(3) 博物館はどこですか。
(4) 渋谷駅はどこですか。
(5) 郵便局はどこですか。

英語 / えいご / English
(1) Where is the subway?
(2) Where is the bathroom?
(3) Where is the museum?
(4) Where is Shibuya station?
(5) Where is the post office?

ひらがな　/　Hiragana

(1) ちかてつは どこ ですか。

(2) といれは どこ ですか。

(3) はくぶつかんは どこ ですか。

(4) しぶやえきは どこ ですか。

(5) ゆうびんきょくは どこ ですか。

ローマ字　/ Roman letters

(1)Chika-tetsu wa doko desuka.

(2)Toire wa doko desuka.

(3)Hakubutsu-kan wa doko desuka.

(4)Shibuya eki wa doko desuka.

(5)Yûbinkyoku wa wa doko desuka.

今、何時ですか？ ima nanji desuka
" what time is it now?"

Meaning: What time is it now?

日本語 / にほんご / Japanesese

(1) 今、何時ですか？

(2) 今、東京は何時ですか？

(3) 今、イギリスは何時ですか？

(4) 今、香港は何時ですか？

(5) 今、ニューヨークは何時ですか？

英語 / えいご / English

(1)What time is it now?

(2)What time is it now in Tokyo?

(3)What time is it now in the UK?

(4)What time is it now in Hong Kong?

(5)What time is it now in New York?

ひらがな / Hiragana

(1) いま、なんじ ですか？

(2) いま、とうきょうは なんじ ですか？

(3) いま、いぎりすは なんじ ですか？

(4) いま、ほんこんは なんじ ですか？

(5) いま、にゅーよーくは なんじ ですか？

ローマ字 / Roman letters

(1)Ima nanji desu ka?

(2)Ima Tôkyô wa nanji desuka?

(3)Ima Igilisu wa nanji desuka?

(4)Ima Hong Kong wa nanji desuka?

(5)Ima Nyû Yôku wa nanji desuka?

午前 9 時 5 分です。It's 9：05AM.

日本語 / にほんご / Japanese

(1) 午前 9 時 5 分です。

(2) 午前 8 時 10 分です。

(3) 午前 11 時 26 分です。

(4) お昼の 12 時です。

(5) 午後 3 時半です。

(6) 午後 7 時 38 分です。

英語 / えいご / English

(1)It's 9:05 AM.

(2)It's 8:10 AM.

(3)It's 11:26 AM.

(4)It's noon.

(5)It's 3:30 PM.

(6)It's 7:38 PM.

ひらがな / Hiragana

(1) ごぜん くじ ごふんです。

(2) ごぜん はちじ じゅっぷんです。

(3) ごぜん じゅういちじ にじゅうろっぷんです。

(4) おひるの じゅうにじです。

(5) ごご さんじはんです。

(6) ごご しちじ さんじゅうはっぷん です。

ローマ字 / Roman letters

(1)Gozen kuji gofun desu.

(2)Gozen hachi ji jyuppun desu.

(3)Gozen jyû ichi ji nijyû roppun desu.

(4)O hiru no jyuni ji desu.

(5)Gogo sanji han desu.

(6)Gogo shichiji sanju happun desu.

〜がある (ga aru)、〜がいる (gairu) describing the existence

がある (gaaru): there is (used for non-living things)

がいる (gairu): there is (used for living things)

Formation: + thing + がある + (living)thing + がいる

日本語 / にほんご / Japanese

(1) 居間にテレビがある / あります。

(2) 図書館に古い新聞がある / あります。

(3) 私の町には映画館がある / あります。

(4) 教室に男の子がいる / います。

(5) 庭に大きい犬がいる / います。

(6) 公園に白い鳥がいる / います。

英語 / えいご / English

(1)There is a TV set in the living room.

(2)There are old newspapers in the library.

(3)There is a movie theater in my city.

(4)There are boys in the classroom.

(5) There is a big dog in the yard.
(6) There are white birds in the park.

ひらがな / Hiragana

(1) いまに てれびが ある / あります。
(2) としょかんに ふるい しんぶんが ある / あります。
(3) わたしの まちには えいがかんが ある / あります。
(4) きょうしつに おとこのこ が いる / います。
(5) にわに おおきい いぬが いる / います。
(6) こうえんに しろい とりが いる / います。

ローマ字 / Roman letters

(1) Ima ni telebi ga aru / arimasu
(2) Tosyokan ni hurui shimbun ga aru / arimasu
(3) Watashi tachi no machi niwa eigakan ga aru / arimasu
(4) Kyôshitu ni otoko no ko ga iru / imasu
(5) Niwa ni okî inu ga iru / imasu
(6) Kôen ni shiroi tori ga iru / imasu

Negative Nouns ではない (dewanai) "is not, am not, are not"

Negative for nouns (and adjectives)

For nouns （and na-adjectives）:

Attach「ではない」to the end

Example: 元気＋ではない＝元気ではない

日本語 / にほんご / Japanese

(1) 私は銀行員ではない / ではありません。

(2) これは東京駅ではない / ではありません。

(3) あのビルは病院ではない / ではありません。

(4) ネルソンさんは外交官ではない / ではありません。

(5) あの鉛筆はジェフのものではない / ではありません。

(6) 私たちは佐野先生の学生ではない / ではありません。

英語 / えいご / English

(1) I'm not a bank employee.

(2) This is not Tokyo Station.

(3) That building over there is not a hospital

(4) Mr. Nelson is not a diplomat.

(5) That pencil is not Jeff's.

(6) We are not professor Sano's students.

ひらがな / Hiragana

(1) わたしは　ぎんこういん　ではない / ではありません。

(2) これは　とうきょうえき　ではない / ではありません。

(3) あのびるは　びょういん　ではない / ではありません。

(4) ねるそんさんは　がいこうかん　ではない / ではありません。

(5) あのえんぴつは　じぇふのもの　ではない / ではありません。

(6) わたしたちは　さのせんせいの　がくせい　ではない / ではありません。

ローマ字　/ Roman letters

(1) Watashi wa ginkô in dewa nai / dewa arimasen.

(2) Kore wa Tôkyô eki dewa nai / dewa arimasen.

(3) Ano bilu wa byôin dewa nai / dewa arimasen.

(4) Neluson san wa gaikôkan dewa nai / dewa arimasen.

(5) Ano enpitsu wa jefu no mono dewa nai / dewa. arimasen.

(6) Watashi tachi wa sano sennsei no gakusei dewa nai / dewa arimasen.

Informal past tense for ru-verbs

To change a ru-verb from the dictionary form into the past tense, you simply drop the「る」and add「た」.

日本語 / にほんご / Japanese

(1) 今日、私は早く起きた。
(2) 昨晩、私は早く寝た。
(3) 最近、私はタバコをやめた。
(4) 彼は家に帰った。
(5) 今日の私の仕事は終わった。

英語 / えいご / English

(1)Today I got up early.
(2)Last night I went to bed early.
(3)I stopped smoking recently.
(4)He has gone home.
(5)I finished my work for today.

ひらがな / Hiragana

(1) きょう、わたしは はやくおきた。

(2) さくばん、わたしは はやくねた。

(3) さいきん、わたしは タバコを やめた。

(4) かれは いえに かえった。

(5) きょうの わたしの しごとは おわった。

ローマ字 / Roman characters

(1)Kyô watashi wa hayaku okita.

(2)Sakuban watashi wa hayaku neta.

(3)Saikin watashi wa tabako o yameta.

(4)Kare wa ie ni kaetta.

(5)Kyô no watashi no shigoto wa owatta.

Informal past tense for u-verbs

It's not necessarily that u-verbs end with Hiragana う. It means that the last vowel has to be "u" and hence the last hiragana can be く (ku), す(su), つ(tu *=tsu), ぬ (nu), and even る (ru).

You can break them into 3 groups: んだ (nda) group; った (tta) group, and the rest, and there are rules for each category.

■んだ (nda) group
読む（よむ）→ 読んだ（よんだ）

■った (tta) group
走る（はしる）→ 走った（はしった）

■ the Rest of the group

The rest of the rules are all dependent on the ending syllables す, く, and ぐ.

--- す verb conjugation: Replace す with した.

話す（はなす）→ 話した（はなした）

--- く verb conjugation: Replace く with いた。

書く（かく）→ 書いた（かいた）

--- ぐ verb conjugation: Replace ぐ with いだ.

泳ぐ（およぐ）→ 泳いだ（およいだ）

日本語 / にほんご / Japanese

(1) 私は弟と学校で話した。
(2) 弟は同じ漢字を10回書いた。
(3) 兄は駅まで5分ほど歩いた。
(4) 兄は1時間ほどプールで泳いだ。
(5) 姉は胃薬を飲んだ。
(6) 姉は雑誌を読んだ。
(7) 妹はデパートで白い鞄を買った。
(8) 妹は弁当を持った。

dictionary forms

(1) 話す　はなす　to speak
(2) 書く　かく　　to write
(3) 歩く　あるく　to walk
(4) 泳ぐ　およぐ　to swim
(5) 飲む　のむ　　to drink
(6) 読む　よむ　　to read
(7) 買う　かう　　to buy
(8) 持つ　もつ　　to have

英語 / えいご / English

(1)I talked to my younger brother at the school.

(2)My younger brother wrote the same kanji 10 times.

(3)My elder brother walked for about five minutes to the station .

(4)My brother swam in the pool for about an hour.

(5)My sister drank stomach medicine.

(6)My older sister read a magazine.

(7)My sister bought a white bag at the department store.

(8)My sister had a lunch box.

ひらがな / Hiragana

(1) わたしは おとうとと がっこうで はなした。

(2) おとうとは おなじかんじを じゅっかい かいた。

(3) あには えきまで ごふんほど あるいた。

(4) あには いちじかんほど ぷーるで およいだ。

(5) あねは いぐすりを のんだ。

(6) あねは ざっしを よんだ。

(7) いもうとは でぱーとで しろい かばんを かった。

(8) いもうとは べんとうを もった。

ローマ字 / Roman letters

(1) Watashi wa otôto to gakkô de hana shita.

(2) Otôto wa onaji kanji o jukkai kaita.

(3) Ani wa eki made go hun hodo aruita.

(4) Ani wa ichi jikan hodo pûru de oyoida.

(5) Ane wa igusuri o nonda.

(6) Ane wa zasshi o yonda.

(7) Imôto wa depâto de shiroi kaban o katta.

(8) Imôto wa bento o motta.

Informal past tense for u-verbs(exceptions)

Formation:

する (do) → した (did)

来る (come) → 来た (came)

行く (go) → 行った (went)

* exceptions particular to this conjugation

日本語 / にほんご / Japanese

(1) 私は家で宿題をした。

(2) 私は学校で野球をした。

(3) 弟は図書館に来た。

(4) 昨日、友達は東京駅に来た。

(5) 昨日、私は学校に行った。

(6) 先週、私は銀行に行った。

ことばと表現 / Words & Expressions

家で【いえで】at home

宿題【しゅくだい】homework

先週【せんしゅう】last week

英語 / えいご / English

(1) I did my homework at home.

(2) I played baseball in school.

(3) My brother came to the library.

(4) My friend came to Tokyo station yesterday.

(5) I went to school yesterday.

(6) I went to the bank last week.

ひらがな / Hiragana

(1) わたしは いえで しゅくだい をした。

(2) わたしは がっこうで やきゅうを した。

(3) おとうとは としょかんに きた。

(4) きのう、ともだちは とうきょうえきに きた。

(5) きのう、わたしは がっこうに いった。

(6) せんしゅう、わたしは ぎんこうに いった。

ローマ字 / Roman letters

(1) Watashi wa ie de shukudai o shita.

(2) Watashi wa gakkô de yakyu o shita.

(3) Otôto wa toshokan ni kita.

(4) Kinnô, tomodachi wa Tôkyô eki ni kita.

(5) Kinô, watashi wa gakkô ni itta.

(6) Senshu, watashi wa ginkô ni itta.

ている (teiru) "be doing something"

Meaning:

be doing something

Formation:

Verb- て form ＋いる

日本語 / にほんご / Japanese

(1) 私は教科書を読んでいる / 読んでいます。

(2) 私の友達はお昼ご飯を食べている / 食べています。

(3) 彼女は猫を飼っている / 飼っています。

(4) その犬は痩せている / 痩せています。

(5) 私は風邪をひいている / ひいています。

英語 / えいご / English

(1) I am reading a textbook.

(2) My friends are eating lunch.

(3) She keeps a cat.

(4) The dog is skinny.

　　(lit: Dog is in state of having gotten skinny.）

(5) I have a cold.

ひらがな / Hiragana

(1) わたしは きょうかしょを よんでいる / よんでいます。

(2) わたしの ともだちは おひるごはんを たべている / たべています。

(3) かのじょは ねこを かっている / かっています。

(4) そのいぬは やせている / やせています。

(5) わたしは かぜを ひいている / ひいています。

ローマ字 / Roman letters

(1) Watashi wa kyôkasho o yonde iru/ yonde imasu.

(2) Watashi no tomodachi wa ohiru gohan o tabete iru/ tabete imasu.

(3) Kanojo wa neko o katte iru/ katte imasu.

(4) Sono inu wa yasete iru/ yasete imasu.

(5) Watashi wa kaze o hîte iru/ hîte imasu.

verb negative 〜ない（nai）

Conjugation rules for negative verbs

■ u-verb

To change an u-verb from affirmative to negative form:
Change the final 'u' sound to an あ sound ('a' sound) and add ない (nai) to the end.

■ ru-verb

To change a -verb (ru-verb) from affirmative to negative:
Take off る (ru) and add ない (nai) to the end.

日本語 / にほんご / Japanese

(1) ジムはお土産を買わない。

(2) ボブは日本語を学ばない。

(3) アリスは寿司を食べない。

(4) 山田さんは着物を着ない。

(5) お金はない。

(6) 猫はいない。

英語 / えいご / English

(1)Jim does not buy souvenirs.

(2)Bob does not study Japanese.

(3)Alice does not eat Sushi.

(4)Mr. Yamada does not wear kimono.

(5)There is no money.

(6)There is no cat.

ひらがな / Hiragana

(1) じむは おみやげを かわない。

(2) ぼぶは にほんごを まなばない。

(3) ありすは すしを たべない。

(4) やまださんは きものを きない。

(5) おかねは ない。

(6) ねこは いない。

ローマ字 / Roman letters

(1)Jim wa omiyage o kawa nai.

(2)Bob wa nihongo o manaba nai.

(3)Yamada san wa kimono o ki nai.

(4)Arisu wa sushi o tabe nai.

(5)Okane wa nai.

(6)Neko wa i nai.

verbs なかった (nakatta) Past-negative tense for all verbs

To change verbs into the past-negative tense
Change the verb to the negative and replace the 「い」with「かった」

Examples
すてる (to throw away) → すてな~~い~~ → すてなかった
いく (to go) → いかな~~い~~ → いかなかった

日本語 / にほんご / Japanese
(1) 先週、私はラーメンを食べなかった　/ 食べませんでした。
(2) おととい、私は日本語を勉強しなかった　/　勉強しませんでした。
(3) 昨日、私の父は買物に行かなかった　/　行きませんでした。
(4) 午前中、私の母はテニスをしなかった　/　しませんでした。
(5) 二日前、私の弟はテレビを見なかった　/　見ませんでした。

英語 / えいご / English

(1)I didn't eat ramen last week.

(2)I didn't study Japanese the day before yesterday.

(3)My father didn't go shopping yesterday.

(4)My mother didn't play tennis in the morning.

(5)My brother didn't watch TV two days ago.

ひらがな / Hiragana

(1) せんしゅう、わたしは　ありすらーめんを　たべなかった　/たべませんでした。

(2) おととい、わたしは　にほんごを　べんきょうしなかった　/べんきょうしませんでした。

(3) きのう、わたしの　ちちは　かいものに　いかなかった　/いきませんでした。

(4) ごぜんちゅう、わたしの　ははは　てにすを　しなかった　/しませんでした。

(5) ふつかまえ、わたしの　おとうとは　てれびを　みなかった　/　みませんでした。

ローマ字 / Roman letters

(1)Senshyu, watashi wa râmen o tabe nakatta/ tabe masen deshita.

(2)Ototoi, watashi wa Nihongo o benkyô shinakatta/ benkyô shimasen deshita.

(3)Kino, watashi no chichi wa kaimono ni ika nakatta/ iki masen deshita.

(4)Gozen chu, watashi no haha wa tenisu o shinakatta/ shimasen deshita.

(5)Futsuka mae, watashi no otôto wa terebi o minakatta/ mimasen deshita.

数え方 Counters 001

When counting in Japanese certain special counters need to be applied depending on the objects or subjects.

日本語 / にほんご / Japanese

(1) 彼女は教科書を1冊、マンガ本を2冊持っている / 持っています。

(2) その駅の前にはビルが3軒、民家が4軒ある / あります。

(3) コーヒーを5杯、紅茶を6杯、持ってきて / 持ってきてください。

(4) 彼女は犬を7匹、猫を8匹飼っている / 飼っています。

(5) 彼の娘は9歳で、息子は10歳だ / です。

(6) 私は会社に週5回行き、ジムに週3回通っている / 通っています。

英語 / えいご / English

(1) She has one textbook and two comics.

(2) There are 3 buildings and 4 private houses in front of the station.

(3) Please bring 5 cups of coffee, 6 cups of tea.

(4) She has seven dogs and eight cats.

(5) His daughter is nine years old and his son is ten years old.

(6) I go to work five times a week and go to the gym three times a week.

ひらがな / Hiragana

(1) かのじょは　きょうかしょを いっさつ、まんがぼんを にさつ もっている / もっています。

(2) そのえきのまえには びるが　さんけん、みんかが よんけん ある / あります。

(3) こーひーを ごはい、こうちゃを ろっぱい、もってきて / もってきてください。

(4) かのじょは　いぬを　ななひき、ねこを　はっぴき かっている / かっています。

(5) かれの　むすめは　きゅうさいで、むすこは じゅっさいだ / です。

(6) わたしは かいしゃに しゅうごかい いき、じむに しゅうさんかい かよっている / かよっています。

ローマ字 / Roman letters

(1) Kanojo wa kyôkasho o issatsu, manga bon o ni satsu motte iru/ motte imasu.

(2) Sono eki no mae ni wa biru ga san ken, minka ga yon-ken aru/ arimasu.

(3) Kôhî o go hai, kôcha o roppai, motte kite/ motte kite kudasai.

(4) Kanojo wa inu o nana hiki, neko o happiki katte iru/ katte imasu.

(5) Kare no musume wa kyû-sai de, musuko wa jyussai da / desu.

(6) Watashi wa kaisha ni shû go kai iki, jimu ni shû san kai kayotte iru/ kayotte imasu.

数え方 Counters 002

There are many Japanese counters used to count Japanese numbers for different objects.

日本語 / にほんご / Japanese

(1)
Q. あなたは車を何台持っていますか？
A. わたしは車を2台持っています。

(2)
Q. あなたは何冊の本を持っていますか？
A. 私は本を10冊以上持っています。

(3)
Q. あなたは先週、何語書きましたか？
A. 私は50語書きました。

(4)
Q. あなたは一週間に何本の記事を書きますか？
A. 私は5本の記事を書きます。

英語 / えいご / English

(1)

Q.How many cars do you have?

A.I have two cars.

(2)

Q.How many books do you have?

A.I have more than ten books.

(3)

Q.How many words did you write last week?

A.I wrote 50 words.

(4)

Q.How many articles do you write in a week?

A.I write 5 articles.

ひらがな / Hiragana

(1)

Q. あなたは くるまを なんだい もっていますか。

A. わたしは にだいの くるまを もっています。

(2)

Q. あなたは なんさつの ほんを もっていますか？

A. わたしは じゅっさついじょうの ほんを もっています。

(3)
Q. あなたは せんしゅう なんごかきましたか？
A. わたしは ごじゅうご かきました。
(4)
Q. あなたは いっしゅうかんに なんぼんの きじを かきますか？
A. わたしは ごほんの きじを かきます。

ローマ字 / Roman letters
(1)
Q. Anata wa kuruma o nan dai motte imasu ka?
A. Watashi wa kuruma o ni dai motte imasu.
(2)
Q. Anata wa nan satsu no hon o motte imasu ka?
A. Watashi wa hon o jyussatsu ijo motte imasu.
(3)
Q. Anata wa sensyû nango kakimashita ka?
A. Watashi wa gojyu-go kakimashita.
(4)
Q. Anata wa isshu kan ni nan bon no kiji o kakimasu ka?
A. Watashi wa go hon no kiji o kaki masu.

verbs 〜いない (inai) for enduring states +negative

Meaning:
to express ongoing actions, repeated actions, and resultant states + negative

Formation:
Verb-て form + いない

日本語 / にほんご / Japanese
(1) 私はジョンを待っていない / 待っていません。
(2) 雨は降っていない / 降っていません。
(3) 彼女は結婚していない / 結婚していません。
(4) その熊は太っていない / 太っていません。
(5) 私の娘は風邪をひいていない / ひいていません。

ことばと表現 / Words & Expressions
風邪をひく【かぜをひく】to catch a cold

英語 / えいご / English

(1) I am not waiting for John.

(2) It is not raining.

(3) She is not married.

(4) The bear is not fat.

(5) My daughter doesn't have a cold.

ひらがな / Hiragana

(1) わたしは じょんを まって いない / まって いません。

(2) あめは ふって いない / ふって いません。

(3) かのじょは けっこんして いない / けっこんして いません。

(4) そのくまは ふとって いない / ふとって いません。

(5) わたしの むすめは かぜを ひいて いない / ひいて いません。

ローマ字 / Roman letters

(1) Watashi wa Jon o matte inai/ matte imasen.

(2) Ame wa futte inai/ futte imasen.

(3) Kanojo wa kekkon shite inai/ kekkon shite imasen.

(4) Sono kuma wa futotte inai/ futo tte imasen.

(5) Watashi no musume wa kaze o hîte inai/ hîte imasen.

が (ga) – 1: subject marker

While the は particle indicates the "topic", the が particle emphasizes what / who is taking the action. Remember, when using は, what comes AFTER は is the main thing. However, when using が, what comes BEFORE が is stressed.

日本語 / にほんご / Japanese

(1) 太郎が郵便局に行く / 行きます。

(2) 私がそのお金を払う / 払います。

(3) 雨が降っている / 降っています。

(4) 私がアメリカ人だ / アメリカ人です。

(5) 天ぷらが美味しい / 美味しいです。

(6) 彼女は英語が話せる / 話せます。

英語 / えいご / English

(1) Taro is the one who went to the post office.(not someone else)

(2) I will pay the money.(only Ⅰ and not anyone else)

(3) It rains. (and not any other weathers)

(4) I am an American. (and not any other nationalities else)

(5) Tempra is delicious. (and not anything else)

(6) She can speak English. (not any other languagies else)

ひらがな / Hiragana

(1) たろうが ゆうびんきょくに いく / いきます。

(2) わたしが その おかねを はらう / はらいます。

(3) あめが ふっている / ふっています。

(4) わたしが あめりかじん だ / あめりかじん です。

(5) てんぷらが おいしい / おいしい です。

(6) かのじょは えいごが はなせる / はなせます。

ローマ字 / Roman letters

(1) Taro ga yûbinkyoku ni iku/ ikimasu.

(2) Watashi ga sono o kane o harau/ haraimasu.

(3) Ame ga futte iru/ futte imasu.

(4) Watashi ga Ameri jin da/ amerik jin desu.

(5) Tempura ga oishî/ oishîdesu.

(6) Kanojo wa Eigo ga hana seru/ hana semasu.

助詞（The Particle）で (de)-1, "in, at, on"

Meaning: in, at, on

で is used to indicate the location of an action. The Japanese particle で (de) is used to indicate the place at which an action or event takes place. It is translated as "at," "in," or "on" in English.

Formation:

Location + で

★ The particle で comes after the place (noun) and before the action (verb) in the sentence.

日本語 / にほんご / Japanese

(1) 私はいつも図書館で本を読む / 読みます。

(2) このレストランで食事をしましょう。

(3) この帽子はどこで買いましたか / 買ったのですか？

(4) どこで日本語を勉強しているのか / しているのですか？

(5) 家の中で遊ばないで / 遊ばないでください。

(6) プールで泳いだ / 泳ぎました。

英語 / えいご / English

(1)I always read books at the library.

(2)Let's eat at this restaurant.

(3)Where did you buy this hat?

(4)Where are you studying Japanese?

(5)Don't play inside the house.

(6)I swam in the pool.

ひらがな / Hiragana

(1) わたしは いつも としょかんで ほんを よむ / よみます。

(2) この れすとらんで しょくじを しましょう。

(3) この ぼうしは どこで かい ましたか / かったの ですか。

(4) どこで にほんごを べんきょう しているのか / しているの ですか？

(5) いえの なかで あそばないで / あそばないで ください。

(6) ぷーるで およいだ / およぎました。

ローマ字 / Roman characters

(1) Watashi wa itsumo toshokan de hon o yomu/ yomimasu.

(2) Kono resutoran de shokuji o shimashô.

(3) Kono bôshi wa doko de kai mashita ka/ katta nodesu ka?

(4) Doko de Nihongo o benkyô shite iru no ka/ shite iru no desu ka?

(5) Uchino naka de asobanaide/ asobanaide kudasai.

(6) Pûru de oyoida/ oyogi mashita.

で (de)-2 ? "with, by"

Meaning: by; for; in; using; with

The particle で can be used to indicate means, method, or instruments. It translates into "by", "with", "in," "by means of", etc.

Formation:

Noun + で

日本語 / にほんご / Japanese

(1) 私は電車で会社に行く / 行きます。

(2) 弟はバスで学校に行く / 行きます。

(3) 妹は箸でご飯を食べる / 食べます。

(4) 私は鉛筆で日記をつける / つけます。

(5) 弟は英語で作文を書く / 書きます。

(6) 兄は日本語で計画書を作る / 作ります。

英語 / えいご / English

(1) I go to office by train.

(2) My younger brother goes to school by bus.

(3) My younger sister eats the meal with the chopsticks.

(4)I keep a diary with the pencil.

(5)My younger brother writes a composition in English.

(6)My elder brother makes a planning document in Japanese.

ひらがな / Hiragana

(1) わたしは でんしゃで かいしゃに いく / いきます。
(2) おとうとは ばすで がっこうに いく / いきます。
(3) いもうとは はしで ごはんを たべる / たべます。
(4) わたしは えんぴつで にっきを つける / つけます。
(5) おとうとは えいごで さくぶんを かく / かきます。
(6) あには にほんごで けいかくしょを つくる / つくります。

ローマ字 / Roman characters

(1) Watashi wa densha de kaisha ni iku/ ikimasu.

(2) Otôto wa basu de gakkô ni iku/ iki masu.

(3) Imôto wa hashi de gohan o taberu/ tabe masu.

(4) Watashi wa enpitsu de nikki o tsukeru/ tsuke masu.

(5) Otôto wa Eigo de sakubun o kaku/ kaki masu.

(6) Ani wa Nihongo de keikakusho o tsukuru/ tsukuri masu.

でしょう (deshou) "I think, probably"

Meaning:
I think, probably

「でしょう」is used to express a level of some certainty

Formation:
Noun + でしょう

Verb + でしょう

Adjective + でしょう

日本語 / にほんご / Japanese

(1) 明日は晴れでしょう。

(2) 明日は雨が降るでしょう。

(3) 今夜は風が強いでしょう。

(4) これは本物のダイヤでしょう。

(5) あの人は田中さんでしょう。

(6) 今日、アリスはたぶんここに来ないでしょう。

英語 / えいご / English

(1) It will probably be sunny tomorrow.

(2) It will probably rain tomorrow.

(3) The wind will be strong tonight.

(4) This is probably a real diamond.

(5) I guess that person is Ms. Tanaka.

(6) Alice probably will not come here Today.

ひらがな / Hiragana

(1) あしたは はれ でしょう。

(2) あしたは あめが ふる でしょう。

(3) こんやは かぜが つよい でしょう。

(4) これは ほんものの だいや でしょう。

(5) あのひとは たなかさん でしょう。

(6) きょう、ありすは たぶん ここに こない でしょう。

ローマ字 / Roman letters

(1) Ashita wa hare deshô.

(2) Ashita wa ame ga furu deshô.

(3) Kon'ya wa kaze ga tsuyoi deshô.

(4) Kore wa honmono no daiya deshô.

(5) Ano hito wa Tanaka-san deshô.

(6) Kyô, Arisu wa tabun koko ni konai deshô.

na-adjectives+ ではなかった (dewanakatta) "Negative ＋ Past tense forms"

na-adjectives Negative ＋ Past tense forms 〜ではなかった

日本語 / にほんご / Japanese
(1) 数年前まで、彼は有名ではなかった / 有名ではありませんでした。

(2)10年前、この地域は安全ではなかった / 安全ではありませんでした。

(3) 昨日、私の娘は元気ではなかった / 元気ではありませんでした。

(4)2日前、その食堂は静かではなかった / 静かではありませんでした。

(5)5年前、この商店街は便利ではなかった / 便利ではありませんでした。

英語 / えいご / English

(1) Until a few years ago he was not famous.

(2) This area was not safe 10 years ago.

(3) Yesterday my daughter did not feel well.

(4) 2 days ago the restaurant was not quiet.

(5) 5 years ago, this shopping area was not convenient.

ひらがな / Hiragana

(1) すうねんまえ まで、かれは ゆうめい ではなかった / ゆうめい ではありませんでした。

(2) じゅうねんまえ、この ちいきは あんぜん ではなかった / あんぜん ではありませんでした。

(3) きのう、わたしの むすめは げんき ではなかった / げんき ではありませんでした。

(4) ふつかまえ、その しょくどうは しずか ではなかった / しずか ではありませんでした。

(5) ごねんまえ、この しょうてんがいは べんり ではなかった / べんり ではありませんでした。

Original adjectives

(1) 有名な famous

(2) 安全な safe

(3) 元気な healthy, vigorous, energetic...

(4) 静かな quiet

(5) 便利な convenient

ローマ字 / Roman characters

(1) Sûnen mae made, kare wa yumei dewa nakatta/ yûmei dewa arimasen deshita.

(2) Jyû nen mae, kono chîki wa anzen dewa nakatta/ anzen dewa arimasen deshita.

(3) Kinô, watashi no musume wa genki dewa nakatta/ genki dewa arimasen deshita.

(4) Futsuka mae, sono shokudo wa shizuka dewa nakatta/ shizuka dewa arimasen deshita.

(5) Go nen mae, kono shôten gai wa benri dewa nakatta/ benri dewa arimasen deshita.

na-adjective ない（nai）form (Negative, Non-Past)

To change a な-adjective to negative form, replace the "だ"(plain)　or "です" (polite) with "ではない"(plain), "ではありません" (polite) at the end of the sentence: of the sentence:

Formation:
な-adj です　→　な-adj ではない　/　ではありません (polite)

日本語 / にほんご / Japanese
(1) このホテルはきれいではない　/　きれいではありません。
(2) この猫は静かではない　/　静かではありません。
(3) この時間のレストランは、にぎやかではない　/　にぎやかではありません。
(4) ボブは親切ではない　/　親切ではありません。
(5) その地域は安全ではない　/　安全ではありません。

英語 / えいご / English

(1)This hotel is not beautiful.

(2)This cat is not quiet.

(3)This restaurant is not busy for these hours.

(4)Bob is not a kind person

(5)The area is not safe.

ひらがな / Hiragana

(1) このほてるは きれいでは ない / きれいではありません。

(2) このねこは しずかでは ない / しずかではありません。

(3) このじかんの れすとらんは、にぎやかでは ない / にぎやかではありません。

(4) ぼぶは しんせつ　では ない / しんせつではありません。

(5) そのちいき は あんぜん では ない / あんぜんではありません。

Original adjectives

(1) きれいな

(2) 静かな

(3) にぎやかな

(4) 親切な

(5) 安全な

ローマ字 / Roman letters

(1) Kono hoteru wa kirei dewa nai/ kirei dewa ari masen.

(2) Kono neko wa shizuka dewa nai/ shizuka dewa ari masen.

(3) Kono jikan no resutoran wa, nigiyaka dewa nai/ nigiyaka dewa arimasen.

(4) Bobu wa shinsetsu dewa nai/ shinsetsu dewa ari masen.

(5) Sono chîki wa anzen dewa nai/ anzen dewa ari masen.

i-adjectives + くなかった (kunakatta)
"i-adjectives+past+negative"

i-adjectives/negative: Replace the 「い」 with 「かった」
かわいい + くなかった = かわいくなかった

日本語 / にほんご / Japanese
(1) あの家の屋根は赤くなかった / 赤くありませんでした。
(2) 人前で話すことは怖くなかった / 怖くありませんでした。
(3) そのテストは難しくなかった / 難しくありませんでした。
(4) その建物は新しくなかった / 新しくありませんでした。
(5) 昨日の会社のパーティーは楽しくなかった / 楽しくありませんでした。

Original adjectives
(1) 赤い red
(2) 怖い scary
(3) 難しい difficult
(4) 新しい new
(5) 楽しい enjoyable

英語 / えいご / English

(1) The roof of that house was not red.

(2) It was not scary to make a speech in front of people.

(3) The exam was not difficult.

(4) The building was not new.

(5) The company party yesterday was not enjoyable.

ひらがな / Hiragana

(1) あの いえの やねは あかくなかった / あか くありませんでした。

(2) ひとまえで はなすことは こわくなかった / こわ くありませんでした。

(3) その てすとは むずかしくなかった / むずかし くありませんでした。

(4) その たてものは あたらしくなかった / あたらし くありませんでした。

(5) きのうの かいしゃの ぱーてぃーは たのしくなかった / たのし くありませんでした。

ローマ字 / Roman letters

(1)Ano ie no yane wa akaku nakatta.

(2)Hito mae de hanasu koto wa kowaku nakatta.

(3)Sono tesuto wa muzukashiku nakatta.

(4)Sono tatemono wa atarashiku nakatta.

(5)Kinô no kaisya no pârtî wa tanoshiku nakatta.

i-adjective ＋ない (nai) form （Negative, Non-Past)

To make the negative form of い-adjectives just take off the い (i) and add くない (kunai). Add です (desu) or ありません (arimasen)to the end in formal speech.

Formation:
Adjective ＋ない form （Negative, Non-Past)

日本語 / にほんご / Japanese
(1) その山は高くない / 高くありません。

(2) あの魚は安くない / 安くありません。

(3) この地域はうるさくない / うるさくありません。

(4) 私の職場は広くない / 広くありません。

(5) 最寄り駅までの道は遠くない / 遠くありません。

Original Adjective form

All i-adjectives always end in the Hiragana character: 「い」.i-adjectives always end in the Hiragana character: 「い」.

(1) 高い

(2) 安い

(3) うるさい

(4) 広い

(5) 遠い

英語 / えいご / English

(1)The mountain is not high.

(2)That fish is not cheap.

(3)This area is not noisy.

(4)My office is not roomy.

(5)The way to the nearest station is not far.

ひらがな / Hiragana

(1) その やまは たかくない / たかくありません。

(2) あの さかなは やすくない / やすくありません。

(3) この ちいきは うるさくない / うるさくありません。

(4) わたしの しょくばは ひろくない / ひろくないです。

(5) もよりえきまでの みちは とおくない / とおくありません。

ローマ字 / Roman letters

(1) Sono yama wa takaku nai/ takaku arimasen.

(2) Ano sakana wa yasuku nai/ yasuku arimasen.

(3) Kono chîki wa urusaku nai/ urusaku arimasen.

(4) Watashi no shokuba wa hiroku nai/ hiroku arimasen.

(5) Moyori eki made no michi wa tôku nai/ tôku arimasen.

とき (toki)　"when"

"とき" connects two sentences.

For example, "A とき、B". It means while doing A, do B. In English, it means "when…" B represents the tense of the entire sentence.

Formation:
When… V dictionary form とき、
…い -adj とき、
…な -adj な とき、
…N の とき、…

日本語 / にほんご / Japanese
(1) 時間があるとき、銀行に行く / 行きます。
(2) 鈴木さんがいないとき、山田さんは この仕事をする / 仕事をします。
(3) 暇なとき、インターネットで買い物をする / 買い物をします。
(4) 若いとき、たくさんの国に行った / 行きました。
(5) 学生のとき、よく公園へ花を見に行った / 行きました。

英語 / えいご / English

(1)I will go to the bank when I have time.

(2)When Mr. Suzuki is not here, Mr. Yamada will take over this job.

(3)When I have time, I do shopping online.

(4)I went to a lot of countries when I was young.

(5)I often went to a park to see flowers when I was a student.

ひらがな / Hiragana

(1) じかんが　あるとき、ぎんこうに　いく / いきます。
(2) すずきさんが　いないとき、やまださんは　このしごとを　やる　/しごとをやります。
(3) ひまなとき、いんたーねっとで　かいものを　する /かいものを　します。
(4) わかいとき、たくさんの　くにに　いった　/　いきました。
(5) がくせいのとき、よく　こうえんへ　はなを　みに　いった　/　いきました。

ローマ字　/ Roman letters

(1) Jikan ga aru toki, ginkô ni iku/ ikimasu.

(2) Suzuki-san ga inai toki, Yamada-san wa kono shigoto o suru/ shigoto o shi masu.

(3) Himana toki, intânetto de kaimono o suru/ kaimono o shimasu.

(4) Wakai toki, takusan no kuni ni itta/ iki mashita.

(5) Gakusei no toki, yoku kôen e hana o mi ni itta/ iki mashita.

V1[ます (masu)-form] ながら (nagara)、V2

Meaning:
while; during; as

Two actions occur at the same time. This represents two actions occurring at the same time. The first verb uses the ます - form. The second verb represents the tense of the entire sentence.

Formation:
Verb- ます stem + ながら

日本語 / にほんご / Japanese
(1) 彼はいつも食事をしながらゲームをする / ゲームをします。
(2) 山田さんは コーヒーを飲みながら、アニメを見ている / 見ています。
(3) 留学生は いつも アルバイトしながら、大学で勉強する / 勉強します。
(4) 私は歌いながら運転した / 運転しました。
(5) 昨晩、私はカラオケで歌いながら踊った / 踊りました。
(6) 私は富士山を見ながら、その絵を描きたい / 描きたいです。

英語 / えいご / English

(1)He is always playing a game while eating dinner.

(2)Mr. Yamada is watching anime while drinking coffee.

(3)The international students always do a part-time job while studying at university.

(4)I drove my car while singing.

(5)Last night, I danced while singing at Karaoke.

(6)I want to draw Mt. Fuji while looking at it.

ひらがな / Hiragana

(1) かれは いつも しょくじを しながら げーむを する / げーむをします。

(2) やまださんは こーひーを のみながら、あにめを みている / みています。

(3) りゅうがくせいは、いつも あるばいとしながら だいがくで べんきょうする / べんきょうします。

(4) わたしは うたいながら うんてんした / うんてんしました。

(5) さくばん、わたしは からおけで うたいながら おどった / おどりました。

(6) わたしは ふじさんを みながら そのえを かきたい / かきたいです。

ローマ字 / Roman letters

(1) Kare wa itsumo shokuji o shi nagara gêmu o suru/ gêmu o shimasu.

(2) Yamada-san wa kôhî o nomi nagara, anime o mite iru/ mite imasu.

(3) Ryûgakusei wa itsumo arubaito shi nagara, daigaku de benkyô suru/ benkyô shimasu.

(4) Watashi wa utai nagara unten shita/ unten shima shita.

(5) Sakuban, watashi wa karaoke de utai nagara odotta/ odori mashita.

(6) Watashi wa fujisan o mi nagara, sono e o kakitai/ kakitai desu.

ほうがいい (hou ga ii) "had better, should"

Meaning:

had better, should, it'd be better to

Formation:

Verb-casual past + ほうがいい

Verb-casual nonpast + ほうがいい

日本語 / にほんご / Japanese

(1) 今日は傘を持って行ったほうがいい / ほうがいいです。

(2) 気をつけたほうがいい / ほうがいいです。

(3) ゆっくり休んだほうがいい / ほうがいいです。

(4) 薬を飲んだほうがいい / ほうがいいです。

(5) ご飯の後で歯を磨いたほうがいい / ほうがいいです。

(6) あなたは彼女に謝ったほうがいい / ほうがいいです。

英語 / えいご / English

(1) You had better take along an umbrella today.

(2) You'd better be careful.

(3) You should get some rest.

(4) You had better take some medicine.

(5) It's better to brush your teeth after a meal.

(6) You should apologize to her.

ひらがな / Hiragana

(1) きょうは かさを もって いった ほうがいい / ほうがいいです。

(2) きをつけた ほうがいい / いいです。

(3) ゆっくり やすんだ ほうがいい / ほうがいいです

(4) くすりを のんだ ほうがいい / ほうがいいです。

(5) ごはんの あとで はを みがいた ほうがいい / ほうがいいです。

(6) あなたは かのじょに あやまった ほうがいい / ほうがいいです。

ローマ字 / Roman letters

(1) Kyo wa kasa o motte itta ho ga î/ hoga î desu.

(2) Ki o tsuketa hôga î/ hôga îdesu.

(3) Yukkuri yasunda hô ga î/ hô ga î desu.

(4) Kusuri o nonda hô gai/ hô ga îdesu.

(5) Gohan no ato de ha o migaita hô gai/ hô ga îdesu.

(6) Anata wa kanojo ni ayamatta hô gai/ hô ga îdesu.

Period + に (ni) + frequency

Meaning:

You can describe the frequency of events over a period of time by using the following pattern

Formation:

(period) に (frequency)

(frequency) per (period)

日本語 / にほんご / Japanese

(1) １週間に５回、私は子供たちに英語を教えます。

(2) １週間に２回、私は彼に歴史を教えます。

(3) １週間に２回、彼はここに来ます。

(4) １ヶ月に４回、私は図書館に行きます。

(5) １年に３回、彼女は日本を訪れます。

英語 / えいご / English

(1) I teach children English 5 times a week.

(2) I teach him history twice a week.

(3) He comes here twice a week.

(4) I visit a library 4 times a month.

(5) She visits Japan 3 times within 1 year.

ひらがな / Hiragana

(1) いっしゅうかんに ごかい、わたしは こどもたちに えいごを おしえます。

(2) いっしゅうかんに にかい、わたしは かれに れきしを おしえます。

(3) いっしゅうかんに にかい、かれは ここに きます。

(4) いっかげつに よんかい、わたしは としょかんに いきます。

(5) いちねんに さんかい、かのじょは にほんを おとずれます。

ローマ字　/ Roman letters

(1) Isshûkan ni go-kai, watashi wa kodomo tachi ni eigo o oshie masu.

(2) Isshukan ni ni-kai, watashi wa kare ni rekishi o oshie masu.

(3) Isshukan ni ni-kai, kare wa koko ni ki masu.

(4) Ikkagetsu ni yon-kai, watashi wa toshokan ni iki masu.

(5) Ichi-nen ni san-kai, kanojo wa Nihon o otozure masu.

ない（nai）＋ほうがいい (hou ga ii) "It'd be better to not do something"

Meaning:

It'd be better to not do something

Formation:

Verb ない form + ほうがいい

structure : (nai-form) + ほうがいいです / ho ga î desu.

日本語 / Japanese

(1) そんな映画は観ないほうがいい / いいです。

(2) 安物は買わないほうがいい / いいです。

(3) コーヒーを飲まないほうがいい / いいです。

(4) 約束を忘れないほうがいい / いいです。

(5) 他人の物を勝手に使わないほうがいい / いいです。

(6) そこへは行かないほうがいい / いいです。

英語 / えいご / English

(1) It is better for me not to see such a movie.

(2) It would be better for you not to buy cheap articles.

(3) You had better not drink coffee.

(4) You'd better not forget your promise.

(5) You'd better not touch other people's stuff without permission.

(6) It really would be better for you not to go there.

ひらがな / Hiragana

(1) そんな えいがは みない ほうがいい / いいです。

(2) やすものは かわない ほうがいい / いいです。

(3) こーひーは のまない ほうがいい / いいです。

(4) やくそくを わすれない ほうがいい / いいです。

(5) たにんの ものを かってに つかわない ほうがいい / いいです。

(6) そこへは いかない ほうがいい / いいです。

ローマ字 / Roman characters

(1) Son'na eiga wa minai hôga î / î desu.

(2) Yasumono wa kawanai hôga î / î desu.

(3) Kohî o nomanai hô ga î / î desu.

(4) Yakusoku o wasurenai hôga î / îdesu.

(5) Tanin no mono o katte ni tsukawanai hô ga î / îdesu.

(6) Soko e wa ikanai hô ga î / î desu.

なぜ (naze) "why"

Meaning: why

なぜ is a counterpart to "why" in English.

However, the formality is different as shown below.

You can choose one of them depending on the situation.

Formal: なぜ

Neutral: どうして

Casual: なんで (only in speaking)

日本語 / にほんご / Japanese

(1) 彼はなぜ猫が嫌いなのか　/　嫌いなのですか。

(2) あなたはなぜ怒っているのか　/　怒っているのですか。

(3) あなたはなぜ日本語を勉強するのか　/　勉強するのですか。

(4) 部長はなぜ、オフィスにいないのか　/　いないのですか。

(5) あなたは、なぜその仕事を選んだのか　/　選んだのですか。

(6) あなたはなぜ、昨日の会議に出席しなかったのか　/　出席しなかったのですか。

英語 / えいご / English

(1) Why does he dislike cats?

(2) Why are you angry?

(3) Why are you studying Japanese?

(4) Why is the director not at the office?

(5) Why did you choose that job?

(6) Why didn't you attend the meeting yesterday?

ひらがな / Hiragana

(1) かれは　なぜ　ねこが　きらいなのか　/　きらいなのですか。

(2) あなたは　なぜ　おこっているのか　/　おこっているのですか。

(3) あなたは　なぜ　にほんごを　べんきょうするのか　/　べんきょうするのですか。

(4) ぶちょうは　なぜ、おふぃすに　いないのか　/　いないのですか。

(5) あなたは、なぜ　そのしごとを　えらんだのか　/　えらんだのですか。

(6) あなたは　なぜ、きのうの　かいぎに　しゅっせきしなかったのか　/　しゅっせきしなかったのですか。

ローマ字　/ Roman letters

(1) Kare wa naze neko ga kiraina no ka/ kirai nano desu ka?

(2) Anata wa naze okotte iru no ka/ okotte iruno desu ka?

(3) Anata wa naze Nihongo o benkyô suru no ka/ benkyô suru no desu ka?

(4) Buchô wa naze, ofisu ni inai no ka/ inai no desu ka?

(5) Anata wa, naze sono shigoto o eranda no ka/ eranda no desu ka?

(6) Anata wa naze, kinô no kaigi ni shusseki shinakatta no ka/ shusseki shinakatta no desu ka?

The Conjunction " が " (ga)

Meaning

① introduction

② Although S1, S2. S1, but S2.

① the particle " が " can be used as an introduction in the first sentence without the meaning of "but".

すみませんが、トイレはどこですか。
Meaning: Excuse me, where is the toilet?
sumimasen ga, toire wa doko desu ka

② the particle " が " is used to connect a positive-meaning phrase and a negative-meaning word into one sentence.

あのレストランの料理はおいしいですが、高いです。
Meaning: The food of that restaurant is delicious but expensive.
ano resutoran no ryouri wa oishî desu ga, takai desu

日本語 / にほんご / Japanese

(1) すみませんが、これはいくらですか

(2) すみませんが、トイレはどこですか。

(3) もしもし、田中ですが、山田さんはいますか。

(4) あそこに高いビルが見えますが、あれは何ですか。

(5) 先生、ここが分からないのですが、教えてください。

(6) あのレストランの料理はおいしいですが、高いです。

英語 / えいご / English

(1)Excuse me, how much is this?

(2)Excuse me, where is the toilet?

(3)Hello, this is Tanaka speaking, is Mr Yamada around? (May I speak to Mr Yamada?)

(4)We can see a tall building over there, what is that building?

(5)Teacher, I don't understand this part (in the textbook), please teach me.

(6)The food of that restaurant is delicious but expensive.

ひらがな / Hiragana

(1) すみませんが、これは いくらですか。

(2) すみませんが、といれは どこですか。

(3) もしもし たなか ですが、やまださんは いますか。

(4) あそこに たかい びるが みえますが、あれは なんですか。

(5) せんせい、ここが わからないのですが、おしえて ください。

(6) あのれすとらんの りょうりは おいしいですが、たかいです。

ローマ字 / Roman letters

(1) Sumimasen ga, kore wa ikura desu ka?

(2) Sumimasen ga, toire wa doko desu ka?

(3) Moshi moshi, Tanaka desu ga, Yamada san wa imasu ka?

(4) Asoko ni takai biru ga mie masu ga, are wa nan desu ka?

(5) Sensei, koko ga wakaranai no desu ga, oshiete kudasai.

(6) Ano resutoran no ryôri wa oishî desu ga, takai desu.

だけ dake (particle) " just, only, simply, merely"

Meaning: only, just

Formation:

Verb-casual + だけ

い adj + だけ

な adj + だけ

Noun + だけ

日本語 / にほんご / Japanese

(1) 私は肉だけ食べる / 食べます。

(2) 私は水だけ飲む / 飲みます。

(3) あの人は英語だけ分かる / 分かります。

(4) 私たちの先生は日本人だけだ / 日本人だけです。

(5) ここにケーキが一つだけある / 一つだけあります。

(6) 彼は行きたくないだけだ / です。

(7) 彼は眠っているだけだ / です。

英語 / えいご / English

(1) I only eat meat.

(2) I only drink water.

(3) That person only understands English.

(4) Our teachers are only Japanese.

(5) There is only one cake here.

(6) He just doesn't want to go.

(7) He is only sleeping.

ひらがな / Hiragana

(1) わたしは にくだけ たべる / たべます。

(2) わたしは みずだけ のむ / のみます。

(3) あのひとは えいごだけ わかる / わかります。

(4) わたしたちの せんせいは にほんじんだけだ / だけです。

(5) ここに けーきが ひとつだけ ある / あります。

(6) かれは いきたくないだけ だ / だけです。

(7) かれは ねむっているだけだ / だけです。

ローマ字 / Roman letters

(1) Watashi wa niku dake taberu/ tabe masu.

(2) Watashi wa mizu dake nomu/ nomi masu.

(3) Ano hito wa Eigo dake wakaru/ wakari masu.

(4) Watashi tachi no sensei wa Nihon jin dake da/ Nihon jin dake desu.

(5) Koko ni kêki ga hitotsu dake aru / hitotsu dake arimasu.

(6) Kare wa ikitakunai dake da / desu.

(7) Kare wa nemutte iru dake da / desu.

V[て -form] ください。 "Please do…."

Meaning: Please do something

Formation:

Verb て form (te form) + ください (kudasai)

This grammar is used when you request or recommend someone to do something. In English, it means "please do something".

However, you don't say it to your manager or boss, because it sometimes sounds like an order or instruction.

日本語 / にほんご / Japanese

(1) 電気をつけてください。

(2) ２年生は手をあげてください。

(3) 家族の写真を見せてください。

(4) あなたの名前をここに書いてください。

(5) あなたの電子辞書を私に貸してください。

(6) その質問に答えてください。

英語 / えいご / English

(1) Please turn on the light.

(2) Sophomores, please raise your hand.

(3) Please show me your family picture.

(4) Please write your name here.

(5) Please lend me your electronic dictionary.

(6) Please answer the question.

ひらがな / Hiragana

(1) でんきを つけてください。

(2) にねんせいは てを あげてください。

(3) かぞくの しゃしんを みせてください。

(4) あなたの なまえを ここに かいてください。

(5) あなたの でんしじしょを わたしに かしてください。

(6) そのしつもんに こたえてください。

ローマ字 / Roman characters

(1) Denki o tsukete kudasai.

(2) Ni-nensei wa te o agete kudasai.

(3) Kazoku no shashin o misete kudasai.

(4) Anata no namae o koko ni kaite kudasai.

(5) Anata no denshi jisho o watashi ni kashite kudasai.

(6) Sono shitsumon ni kotaete kudasai.

V[ない (nai)-form] でください。"Please don't do …."

Meaning: please don't do
This has the opposite meaning of grammar #1.
It means "please don't do something".

This pattern is used to ask people not to do something. Also, there are many cases in "V[ない -form] ないでください" in which the particle "は" is used.

Formation:
V[ない (nai)-form] + でください (naidekudasai)

日本語 / にほんご / Japanese

(1) 病院で、携帯電話を使わないでください。

(2) 本を見ないでください。

(3) この部屋ではタバコを吸わないでください。

(4) ここでは写真を撮影しないでください。

(5) 学校の中では走らないでください。

(6) この言葉を忘れないでください。

英語 / えいご / English

(1) Please don't use your cellphone inside the hospital.

(2) Don't look at the book.

(3) Please don't smoke in this room.

(4) Please don't take pictures here.

(5) Please don't run inside the school.

(6) Please don't forget this word.

ひらがな / Hiragana

(1) びょういんで、けいたいでんわを つかわないでください。

(2) ほんを みないでください。

(3) このへやでは、たばこを すわないでください。

(4) ここで しゃしんを さつえいしないでください。

(5) がっこうの なかを はしらないでください。

(6) このことばを わすれないでください。

ローマ字 / Roman letters

(1) Byôin de, keitai denwa o tsukawa naide kudasai.

(2) Hon o mi naide kudasai.

(3) Kono heya de wa tabako o suwa naide kudasai.

(4) Koko de wa shashin o satsuei shi naide kudasai.

(5) Gakkô no nakade wa hashira naide kudasai.

(6) Kono kotoba o wasure naide kudasai.

だれ (dare) "who"

Interrogative pronoun meaning: who

The subject indicator wa cannot be used after dare.

日本語 / にほんご / Japanese

(1) あなたは誰を探しているのですか。

(2) あなたは駅で誰に会ったのですか。

(3) あなたは誰を尊敬していますか。

(4) この冷蔵庫を壊したのは誰ですか。

(5) あの席に座っているのは誰ですか。

(6) あなたは誰が議長に選ばれると思いますか。

ことばと表現 / Words & Expressions

尊敬する【そんけいする】to admire, to respect

冷蔵庫【れいぞうこ】refrigerator

議長【ぎちょう】chairman

英語 / えいご / English

(1) Who are you looking for?

(2) Who did you meet at the station?

(3) Who do you admire?

(4) Who broke this refrigerator?

(5) Who is sitting in that seat?

(6) Who do you think would be elected chairman?

ひらがな / Hiragana

(1) あなたは だれを さがしているのですか。

(2) あなたは えきで だれに あったのですか。

(3) あなたは だれを そんけいしていますか。

(4) このれいぞうこを こわしたのは だれですか。

(5) あのせきに すわっているのは だれですか。

(6) あなたは だれが ぎちょうに えらばれると おもいますか。

ローマ字 / Roman letters

(1) Anata wa dare o sagashite iru no desu ka?

(2) Anata wa eki de dare ni atta no desu ka?

(3) Anata wa dare o sonkei shite imasu ka?

(4) Kono reizôko o kowashita no wa dare desu ka?

(5) Ano seki ni suwatte iru no wa dare desu ka?

(6) Anata wa dare ga gichô ni eraba reru to omoi masu ka?

だろう (darou)+ "to express a strong amount of certainty"

Using「だろう」to express a strong amount of certainty

Formation:
Verb: Casual+ だろう
い adjective+ だろう
な adjective+ だろう
Noun+ だろう

日本語 / にほんご / Japanese
(1) ジョンソンさんは今日来るだろう / 来るでしょう。
(2) あのホテルは高いだろう / 高いでしょう。
(3) ベンさんはダンスが上手だろう / 上手でしょう。
(4) あの若い男の人は外国人だろう / 外国人でしょう。
(5) 試験は難しかっただろう / 難しかったでしょう。
(6) 彼女はたぶん同窓会に来ないだろう / 来ないでしょう。

英語 / えいご / English

(1)Mr.Johnson will probably come today.

(2)That hotel is probably expensive.

(3)Ben is probably good at dancing.

(4)The young man is probably a foreigner.

(5)The exam was probably difficult.

(6)She probably won't come to the class reunion.

ひらがな / Hiragana

(1) じょんそんさんは　きょう　くるだろう / くるでしょう。

(2) あのほてるは　たかいだろう / たかいでしょう。

(3) べんさんは　だんすが　じょうずだろう / じょうずでしょう。

(4) あのわかい　おとこのひとは　がいこくじんだろう / がいこくじんでしょう。

(5) しけんは　むずかしかっただろう / むずかしかったでしょう。

(6) かのじょは　たぶん　どうそうかいに　こないだろう / こないでしょう。

ローマ字　/ Roman letters

(1) Jonson-san wa kyô kuru darô / kuru deshô.

(2) Ano hoteru wa takai darô / takai deshô.

(3) Ben-san wa dansu ga jôzu darô / jôzu deshô.

(4) Ano wakai otoko no hito wa gaikoku jin darô / gaikoku jin deshô.

(5) Shiken wa muzukashi katta darô / muzukashi katta deshô.

(6) Kanojo wa tabun dôsô-kai ni konai darô/ konai deshô.

いちばん (ichiban) " the most, the best"

Meaning: the most, the best

Formation:

Noun + は / が一番 + adjective + だ

Verb-dictionary form + のは / のが一番 + adjective + だ

日本語 / にほんご / Japanese

(1) この湖は日本でいちばん深い湖だ　/　深い湖です。

(2) ここがこの町でいちばん安い店だ　/　安い店です。

(3) 桜は今がいちばん見ごろだ　/　見ごろです。

(4) あなたはいちばん適している仕事につくべきだ　/ つくべきです。

(5) これはこの図書館にあるいちばん大きな辞書だ　/ 辞書です。

(6) あなたの一番好きな映画は何ですか？

(7) あなたにとってこの世で一番恐ろしいものは何ですか？

英語 / えいご / English

(1)The lake is the deepest in Japan.

(2)This is the cheapest store in this town.

(3)The cherry blossoms are at their best now.

(4)You should get the job for which you are best fitted.

(5)This is the largest dictionary in this library.

(6)What's your favorite movie?

(7)What's the most frightening thing to you in the world?

ひらがな / Hiragana

(1) この みずうみは にほんで いちばん ふかい みずうみだ / ふかいみずうみです。

(2) ここが このまちで いちばん やすいみせだ / やすいみせです。

(3) さくらは いまが いちばん みごろだ / みごろです。

(4) あなたは いちばん てきしている しごとに つくべきだ / つくべきです。

(5) これは このとしょかんにある いちばん おおきな じしょだ / じしょです。

(6) あなたの いちばん すきな えいがは なんですか？

(7) あなたにとって このよで いちばん おそろしい ものは なんですか？

ローマ字　/ Roman letters

(1) Kono mizûmi wa Nihon de ichiban fukai mizûmi da/ fukai mizûmi desu.

(2) Koko ga kono machi de ichiban yasui mise da/ yasui mise desu.

(3) Sakura wa ima ga ichiban mi goro da/ mi goro desu.

(4) Anata wa ichiban teki shite iru shigoto ni tsuku beki da/ tsuku beki desu.

(5) Kore wa kono toshokan ni aru ichiban ôkina jisho da/ jisho desu.

(6) Anata no ichiban sukina eiga wa nan desu ka?

(7) Anata ni totte kono yo de ichiban osoroshî mono wa nan desu ka?

か (ka) " A or B, choice between 2 objects"

Meaning:
A or B, choice between 2 objects

Formation:
Verb-casual, Noun, い adj, な adj ＋か（？）

日本語 / にほんご / Japanese
(1) フランス語かドイツ語を学びたい / 学びたいです。
(2) 私は来年アメリカかカナダに行きたい / 行きたいです。
(3) 彼はロンドンかパリにいる / います。
(4) 明日か明後日に私は荷物を出荷する / 出荷します。
(5) コーヒーか紅茶、どちらがいいですか。
(6) 中国語かロシア語を話せますか。

英語 / えいご / English
(1) I want to learn French or German.
(2) I want to go to either America or Canada next year.
(3) He is either in London or in Paris.
(4) I will ship out the packages either tomorrow or the day after tomorrow.
(5) Do you prefer coffee or tea?
(6) Can you speak either Chinese or Russian?

ひらがな / Hiragana

(1) ふらんすご か どいつごを まなびたい / まなびたいです。

(2) わたしは らいねん あめりか か かなだに いきたい / いきたいです。

(3) かれは ろんどん か ぱりに いる / ぱりにいます。

(4) あす か あさってに わたしは にもつを しゅっかする / しゅっかします。

(5) こーひー か こうちゃ、どちらが いいですか。

(6) ちゅうごくご か ろしあ ごを はなせますか。

ローマ字 / Roman letters

(1) Furansugo ka Doitsugo o manabi tai/ manabi tai desu.

(2) Watashi wa rainen Amerika ka Kanada ni iki tai/ iki tai desu.

(3) Kare wa Rondon ka Pari ni iru/ imasu.

(4) Asu ka asatte ni watashi wa nimotsu o shukka suru/ shukka shimasu.

(5) Kôhî ka kôcha, dochira ga î desu ka?

(6) Chûgokugo ka Roshiago o hanasemasu ka?

いつ (itsu) "when"

Meaning: when

Formation:

いつ (itsu) +action+ か (ka)

日本語 / にほんご / Japanese

(1) あなたはいつ日本に来たのか / 来ましたか。

(2) あなたはいつ大阪に行くのか / 行きますか。

(3) あなたはいつ中国語を勉強し始めたのか / 始めましたか。

(4) 斎藤さんの誕生日はいつか / いつですか。

(5) その映画はいつ始まるのか / 始まりますか。

(6) 美術館はいつ開くのか / 開きますか。

(7) 薬局はいつ閉まるのか / 閉まりますか。

(8) 子供たちの夏休みはいつ終わるのか / 終わりますか。

ことばと表現 / Words & Expressions

中国語【ちゅうごくご】Chinese

美術館【びじゅつかん】art museum

薬局【やっきょく】pharmacy

英語 / えいご / English

(1) When did you come to Japan?

(2) When will you go to Osaka?

(4) When did you start learning Chinese?

(3) When is Mrs.Saito's birthday?

(5) When does the movie start?

(7) When does the art museum open?

(8) When does the pharmacy close?

(6) When will the children's summer vacation end?

ひらがな / Hiragana

(1) あなたは いつ にほんに きたのか / きましたか。
(2) あなたは いつ おおさかに いくのか / いきますか。
(3) あなたは いつ ちゅうごくごを べんきょう しはじめたのか / はじめましたか。
(4) さいとうさんの たんじょうびは いつか / いつですか。
(5) そのえいがは いつ はじまるのか / はじまりますか。
(6) びじゅつかん はいつ ひらくのか / ひらきますか。
(7) やっきょくは いつ しまるのか / しまりますか。
(8) こどもたちの なつやすみは いつおわるのか / おわりますか。

ローマ字 / Roman letters

(1) Anata wa itsu Nihon ni kita no ka/ ki mashita ka?

(2) Anata wa itsu Ôsaka ni iku no ka/ iki masu ka?

(3) Anata wa itsu Chûgokugo o benkyû shi hajimeta no ka/ hajime mashita ka?

(4) Saitô san no tanjôbi wa itsu ka/ itsu desu ka?

(5) Sono eiga wa itsu hajimaru no ka/ hajimari masu ka?

(6) Bijutsukan wa itsu hiraku no ka/ hiraki masu ka?

(7) Yakkyoku wa itsu shimaru no ka/ shimari masu ka?

(8) Kodomo tachi no natsu yasumi wa itsu owaru no ka/ owari masu ka?

から (kara) "because, since"

Meaning: since, because

Formation:

Verb + から

い adjective + から

な adjective + だから

Noun + だから

日本語 / にほんご / Japanese

(1) 今、忙しいから、後で電話する / 電話します。

(2) 危ないから気をつけて / 気をつけてください。

(3) 天気がいいから、散歩しよう / 散歩しましょう。

(4) 寒いから、窓を閉めて / 閉めてください。

(5) 財布を忘れたから、電車の切符を買えなかった / 買えませんでした。

(6) 一生懸命勉強したから、日本語能力試験に合格した / 合格しました。

英語 / えいご / English

(1)Since I'm busy now, I'll call you back later.

(2)Since it's dangerous, be careful.

(3)Since the weather's nice, let's take a walk.

(4)Since it's cold, please close the window.

(5)I forgot my wallet so I couldn't buy the train ticket.

(6)Since I studied hard, I passed the JLPT exam.

ひらがな / Hiragana

(1) いま、いそがしいから、あとで でんわする / でんわ します。

(2) あぶないから きをつけて / きをつけて ください。

(3) てんきが いいから、さんぽしよう / さんぽしましょう。

(4) さむいから、まどを しめて / しめてください。

(5) さいふを わすれたから、でんしゃの きっぷを かえなかった / かえません でした。

(6) いっしょうけんめい べんきょうしたから、にほんごの うりょく しけんに ごうかくした / ごうかくしました。

ローマ字 / Roman letters

(1) Ima, isogashî kara, ato de de denwa suru/ denwa shimasu.

(2) Abunai kara ki o tsukete/ ki o tsukete kudasai.

(3) Tenki ga îkara, sanpo shiyô/ sanpo shimashô.

(4) Samui kara, mado o shimete / shimete kudasai.

(5) Saifu o wasureta kara, densha no kippu o kae nakatta/ kae masen deshita.

(6) Isshô kenmei benkyô shitakara, Nihon go nô ryoku shiken ni gôkaku shita/ gôkaku shima shita.

から (kara) "from, since"

Meaning: from, since

Formation:

Noun + から

日本語 / にほんご / Japanese

(1) ここから新宿駅まで歩いて5分かかる / かかります。

(2) 彼はやっと地獄から逃げ出した / 逃げ出しました。

(3) この携帯電話は彼氏からもらった / もらいました。

(4) 私たちは1999年から東京に住んでいる / 住んでいます。

(5) 私が最後に彼に会ってから5年になる / 5年になります。

(6) 大学を卒業してから、サッカーをしていない / していません。

英語 / えいご / English

(1) It takes 5 minutes to walk from here to Shinjuku station.

(2) He finally escaped from hell.

(3) I got this cell phone from my boyfriend.

(4) We have lived in Tokyo since 1999.

(5) It has been five years since I saw him last

(6) I haven't played soccer since I graduated from my university.

ひらがな / Hiragana

(1) ここから しんじゅくえきまで あるいて ごふんかかる / かかります。

(2) かれは やっと じごくから にげだした / にげだしました。

(3) この けいたいでんわは かれしから もらった / もらいました。

(4) わたしたちは せんきゅうひゃくきゅうじゅうくねん から とうきょうに すんでいる / すんでいます。

(5) わたしが さいごに かれに あってから ごねんに なる / ごねんになります。

(6) だいがくを そつぎょうしてから、さっかーを していない / していません。

ローマ字 / Roman letters

(1) Koko kara shinjuku eki made aruite gofun kakaru/ kakarimasu.

(2) Kare wa yatto jigoku kara nige dashita/ nige dashi mashita.

(3) Kono keitai denwa wa kareshi kara moratta/ moraimashita.

(4) Watashi tachi wa sen kyû hyaku kyû jû ku-nen kara Tôkyô ni sunde iru/ sunde imasu.

(5) Watashi ga saigo ni kare ni atte kara go-nen ni naru/ go-nen ni narimasu.

(6) Daigaku o sotsugyô shite kara, sakkâ o shite inai/ shite imasen.

けれども (keredomo) "but, although"

Meaning:
but; however; although

Formation:
Sentence + けど / けれど / けれども

The final mo is sometimes dropped in more informal speech.

日本語 / にほんご / Japanese

(1) 旅行に行きたいけれどもひまがない / ありません。

(2) 彼は疲れていたけれども、働き続けた / 働き続けました。

(3) 彼は若かったけれども、その仕事をやる力があった / ありました。

(4) その店に行ったけれども閉まっていた / 閉まっていました。

(5) たいへん困難な仕事だけれども、私は最善を尽くす/尽くします。

(6) 雨が降っていたけれども、みんなは楽しい時を過ごした/過ごしました。

英語 / えいご / English

(1)Though I want to go on a trip, I have no time.

(2)Tired as he was, he went on working.

(3)Young as he was, he was equal to the task.

(4)I went to that store, but it was closed.

(5)Although it is a very difficult task, I will do my best.

(6)Although it rained, everyone had a good time.

ひらがな / Hiragana

(1) りょこうに いきたいけれども ひまがない/ありません。

(2) かれは つかれていたけれども、はたらきつづけた/はたらきつづけました。

(3) かれは わかかったけれども、そのしごとを やる ちからがあった/ありました。

(4) そのみせに いった けれども しまっていた / しまっていました。

(5) たいへん こんなんな しごとだけれども、わたしは さいぜんをつくす / つくします。

(6) あめが ふっていたけれども、みんなは たのしいときを すごした / すごしました。

ローマ字 / Roman letters

(1) Ryokô ni ikitai keredomo hima ga nai/ arimasen.

(2) Kare wa tsukarete ita keredomo, hataraki tsuzuketa/ hataraki tsuzuke mashita.

(3) Kare wa wakakatta keredomo, sono shigoto o yaru chikara ga atta/ ari mashita.

(4) Sono mise ni itta keredomo shimatte ita/ shimatte imashita.

(5) Taihen kon'nan'na shigoto dakeredomo, watashi wa saizen o tsukusu/ tsukushi masu.

(6) Ame ga futte ita keredomo, min'na wa tanoshî toki o sugoshita/ sugoshi mashita.

くらい (kurai) "about, approximately"

Meaning: about(approximately)

位 = くらい／ぐらい (= kurai/gurai) means approximately and it is used to describe degree, amount or extent of something.

Formation:

number/counter + くらい / ぐらい interrogative pronouns+ くらい / ぐらい

日本語 / にほんご / Japanese

(1) 係長は30歳くらいだ / 30歳くらいです。

(2) そのパーティーの参加者は10人くらいだ / くらいです。

(3) 私の家からコンビニまで5分くらいかかる / かかります。

(4)3分くらいでカップラーメンをつくれる / つくれます。

(5) ここから駅までどのくらいかかりますか。

(6) あなたは毎日、水をどのくらい飲みますか。

(7) その洋服はどれくらいしましたか。

英語 / えいご / English

(1) The group leader is about thirty.

(2) The participants of the party are about 10 people.

(3) It takes about five minutes to a convenience store from my house.

(4) You can make cup ramen in about three minutes.

(5) How long does it take from here to the station?

(6) How much water do you drink every day?

(7) How much did those clothes cost you?

ひらがな / Hiragana

(1) かかりちょうは さんじゅっさいくらい だ / さんじゅっさいくらいです。

(2) そのぱーてぃーの さんかしゃは じゅうにんくらい だ / くらいです。

(3) わたしの いえから こんびにまで ごふんくらい かかる / かかります。

(4) さんぷんくらいで かっぷらーめんを つくれる / つくれます。

(5) ここから えきまで どのくらい かかりますか。

(6) あなたは まいにち みずを どのくらい のみますか。

(7) その ようふくは どれくらい しましたか。

ローマ字 / Roman letters

(1) Kakarichô wa sanjyussai kurai da/ sanjyussai kurai desu.

(2) Sono pâti no sankasha wa jyû nin kurai da/ kurai desu.

(3) Watashi no ie kara konbini made go fun kurai kakaru/ kakari masu.

(4) San pun kurai de kappu râmen o tsuku reru/ tsuku remasu.

(5) Koko kara eki made dono kurai kakari masu ka.

(6) Anata wa mainichi mizu o dono kurai nomi masu ka.

(7) Sono yôfuku wa dore kurai shimashita ka.

まだ (mada) "still, not yet"

Meaning: still; not yet

Formation:

まだ + Verb- て form

まだ + Noun

日本語 / にほんご / Japanese

(1) 私はまだ若い / 若いです。

(2) 私はまだ眠い / 眠いです。

(3) 彼はまだ寝ている / 寝ています。

(4) 私の同僚たちはまだ勤務中だ / です。

(5) 彼はまだ来ていない / 来ていません。

(6) わたしはまだ結婚していない / 結婚していません。

(7) まだ希望はある / あります。

英語 / えいご / English

(1) I am still young

(2) I'm still sleepy.

(3) He's still sleeping

(4) My colleagues are still on duty.

(5) He has not come yet

(6) I'm not married yet.

(7) There is yet some hope.

ひらがな / Hiragana

(1) わたしは まだわかい / わかいです。

(2) わたしは まだねむい / ねむいです。

(3) かれは まだねている / ねています。

(4) わたしの どうりょうたちは まだきんむちゅう だ / です。

(5) かれはまだきていない / きていません。

(6) わたしは まだけっこんしていない / けっこんしていません。

(7) まだきぼうは ある / あります。

ローマ字 / Roman letters

(1) Watashi wa mada wakai / wakai desu.

(2) Watashi wa mada nemui / nemui desu.

(3) Kare wa mada nete iru / nete imasu.

(4) Watashi no dôryô tachi wa mada kinmu-chû da / desu.

(5) Kare wa mada kite inai / kite imasen.

(6) Watashi wa mada kekkon shite inai / kekkon shite imasen.

(7) Mada kibô wa aru / arimasu.

まえに (mae ni)　"before"

Meaning: before, in front of

Formation:

Verb-dictionary form + 前に

Noun + の前に

日本語 / にほんご / Japanese

(1) 私の目の前にその若い男が突然現れた / 現れました。

(2) 私の家の前に車が止まっている / 止まっています。

(3) その女性たちは図書館の前にいる / 前にいます。

(4) 日本へ行く前に日本語を勉強する / します。

(5) 学校に行く前に朝御飯を食べた / 食べました。

(6) 家に帰る前にお土産を買う / 買います。

英語 / えいご / English

(1)The young man suddenly appeared in front of me

(2)There's a car parked in front of my house.

(3)The women are in front of a library.

(4)I study Japanese before coming to Japan.

(5)I ate breakfast before I went to school.

(6)Before I return home, I will buy a souvenir/gift.

ひらがな / Hiragana

(1) わたしの めのまえに そのわかいおとこが とつぜん あらわれた / あらわれました。

(2) わたしの いえのまえに くるまが とまっている / とまっています。

(3) そのじょせいたちは としょかんのまえにいる / まえにいます。

(4) にほんへいくまえに にほんごを べんきょうする / します。

(5) がっこうにいくまえに あさごはんを たべた / たべました。

(6) いえに かえるまえに おみやげを かう / かいます。

ローマ字 / Roman letters

(1) Watashi no me no mae ni sono wakai otoko ga totsuzen arawareta / araware mashita.

(2) Watashi no ie no mae ni kuruma ga tomatte iru / tomatte imasu.

(3) Sono josei tachi wa toshokan no mae ni iru / mae ni imasu.

(4) Nihon e iku mae ni Nihongo o benkyô suru / shimasu.

(5) Gakkô ni iku mae ni asagohan o tabe ta / tabe

mashita.

(6) Ie ni kaeru mae ni omiyage o kau / kai masu.

ませんか (masen ka) "let's, won't you, Why don't we 〜？"

Meaning: let's, won't you, wouldn't you

Formation:

Verb-polite negative form + ませんか

日本語 / にほんご / Japanese

(1) 私と一緒に晩ごはんを食べませんか？

(2) 私たちと一緒に座りませんか？

(3) 私の話を聞いてくれませんか？

(4) 日本語の文法を勉強しませんか？

(5) 明日、どこかへ行きませんか？

英語 / えいご / English

(1) Won't you have dinner with me?

(2) Won't you sit with us?

(3) Won't you listen to my story?

(4) Why don't we study Japanese grammar?

(5) Why don't we go somewhere tomorrow?

ひらがな / Hiragana

(1) わたしと いっしょに ばんごはんを たべませんか？

(2) わたしたちと いっしょに すわりませんか？

(3) わたしの はなしを きいてくれませんか？

(4) にほんごの ぶんぽうを べんきょうしませんか？

(5) あした、どこかへ いきませんか？

ローマ字 / Roman letters

(1) Watashi to isshoni ban gohan o tabe masen ka?

(2) Watashi tachi to issho ni suwari masen ka?

(3) Watashi no hanashi o kîte kure masen ka?

(4) Nihongo no bunpô o benkyô shima sen ka?

(5) Ashita, doko ka e iki masen ka?

ましょう (mashou) "let's, shall we"

Meaning: let's, shall we （Eliciting and Making Proposals）

Formation:

Verb-masu stem + ましょう / ましょうか

日本語 / にほんご / Japanese

(1) 学校で会いましょう。

(2) 一緒に日本語を勉強しましょう。

(3) 和食を食べましょう。

(4) 手伝いましょうか。

(5) 授業を始めましょうか。

(6) 帰りましょうか。

英語 / えいご / English

(1)Let's meet at school!

(2)Let's study Japanese together!

(3)Let's eat Japanese food.

(4)Shall I help you?

(5)Shall we begin the class?

(6)Shall we go home?

ひらがな / Hiragana

(1) がっこうで あい ましょう。

(2) いっしょに にほんごを べんきょうし ましょう。

(3) わしょくをたべ ましょう。

(4) てつだい ましょうか。

(5) じゅぎょうを はじめ ましょうか。

(6) かえり ましょうか。

ローマ字 / Roman letters

(1) Gakkô de ai mashou.

(2) Issho ni Nihongo o benkyo shi mashô.

(3) Washoku o tabe mashô.

(4) Tetsudai mashô ka?

(5) Jugyô o hajime mashô ka.

(6) Kaeri mashô ka.

も (mo) "also, too, as well"

Meaning: also, too, as well
Formation:

Noun + も

日本語 / にほんご / Japanese

(1) その男の子は知識も経験もある / あります。

(2) あの女の子は英語もフランス語も話す / 話します。

(3) 私はこの色もまた好きだ / 好きです。

(4) あの警官はロシア語も話す / 話します。

(5) 私もあの学校でスペイン語を勉強している / 勉強しています。

(6) 私も一人っ子だ / 一人っ子です。

英語 / えいご / English

(1)The boy has experience as well as knowledge.

(2)That girl speaks French as well as English.

(3)I like this color as well.

(4)That policeman speaks Russian as well.

(5)I study Spanish at that school too.

(6)I am also an only child.

ひらがな / Hiragana

(1) その おとこのこは ちしきも けいけんも ある / あります。

(2) あの おんなのこは えいごも ふらんすごも はなす / はなします。

(3) わたしは このいろも また すきだ / すきです。

(4) あの けいかんは ろしあごも はなす / はなします。

(5) わたしも あのがっこうで すぺいんごを べんきょう している / べんきょう しています。

(6) わたしも ひとりっこだ / ひとりっこ です。

ローマ字 / Roman letters

(1) Sono otoko no ko wa chishiki mo keiken mo aru/ arimasu.

(2) Ano onna no ko wa Eigo mo Furansugo mo hanasu/ hanashi masu.

(3) Watashi wa kono iro mo mata sukida/ sukidesu.

(4) Ano keikan wa Roshia go mo hanasu/ hanashi masu.

(5) Watashi mo ano gakkô de Supeingo o benkyô shite iru/ benkyô shite imasu.

(6) Watashi mo hitorikko da/ hitorikko desu.

もう (mou)　"already, anymore"

Meaning: already; any more

日本語 / にほんご / Japanese

(1) 彼はもうここにいる / います。

(2) もう５時を過ぎた / 過ぎました。

(3) 夕ご飯をもう食べたか / 食べましたか。

(4) 宿題をもう終えたか / 終えましたか。

(5) 私はもう歩けない / 歩けません。

(6) 子供たちはもう食べられない / 食べられません。

英語 / えいご / English

(1) He is already here.

(2) It's already past five o'clock.

(3) Have you already had dinner?

(4) Have you already done your homework?

(5) I can't walk anymore.

(6) Children can't eat anymore.

ひらがな / Hiragana

(1) かれは もう ここに いる / います。

(2) もう ごじを すぎた / すぎました。

(3) ゆうごはんを もう たべたか / たべましたか。

(4) しゅくだいを もう おえたか / おえましたか。

(5) わたしは もう あるけない / あるけません。

(6) こどもたちは もう たべられない / たべられません。

ローマ字 / Roman letters

(1) Kare wa mô koko ni iru/ imasu.

(2) Mô go-ji o sugita/ sugimashita.

(3) Yû gohan o mô tabeta ka/ tabe mashita ka.

(4) Shukudai o mô oeta ka/ oe mashita ka.

(5) Watashi wa mô arukenai/ arukemasen.

(6) Kodomo tachi wa mô tabe rare nai/ tabe rare masen.

な (na): Negative Command "don't do"

Meaning: don't do/negative command

Formation:

verb casual+な(na)

The negative command form is very simple: simply attach 「な」 to either ru-verbs or u-verbs.

(Negative Request: Negative Te-form of verb + ないでください)

日本語 / にほんご / Japanese

(1) 心配するな / 心配しないでください。

(2) それを食べるな / 食べないでください。

(3) あまり飲むな / 飲まないでください。

(4) 決して約束を破るな / 破らないでください。

(5) そこを動くな / 動かないでください。

(6) そんなに急ぐな / 急がないでください。

英語 / えいご / English

(1) Don't worry.

(2) Don't eat that!

(3) Don't drink too much.

(4) Never break your promise.

(5) Don't move over there.

(6) Don't rush like that.

ひらがな / Hiragana

(1) しんぱい するな / しんぱいし ないでください。

(2) それをたべるな / たべ ないでください。

(3) あまり のむな / のま ないでください。

(4) けっして やくそくを やぶるな / やぶら ないでください。

(5) そこを うごくな / うごか ないでください。

(6) そんなに いそぐな / いそが ないでください。

ローマ字 / Roman letters

(1) Shinpai suru na/ shinpai shinaide kudasai.

(2) Sore o taberu na/ tabe naide kudasai.

(3) Amari nomu na/ noma naide kudasai.

(4) Kesshite yakusoku o yaburu na/ yabura naide kudasai.

(5) Soko o ugoku na/ ugoka naide kudasai.

(6) Son'nani isogu na/ isoga naide kudasai.

なに (nani) "what"

何 is translated as "what" in English and replaces nouns. The grammatical rule is that it is always pronounced as なん if the letter after 何 is part of the Ta line (た ち つ て と), Da line (だ ぢ づ で ど), or Na line (な に ぬ ね の). Otherwise, you always pronounce 何 as なに .

日本語 / にほんご / Japanese

(1) あれは何か / 何ですか。
(2) 先週、あなたは何をしたか　/　何をしましたか。
(3) 明日、あなたは何をするのか　/　何をしますか。
(4) あなたのお名前は何か　/　何ですか。
(5) あなたの仕事は何か　/　何ですか。
(6) あなたの趣味は何か　/　何ですか。
(7) 彼の好きな食べ物は何か　/　何ですか。

英語 / えいご / English

(1) What is that?
(2) What did you do last week?
(3) What will you do tomorrow?
(4) What is your name?
(5) What is your job?

(6) What is your hobby?

(7) What is his favorite food?

ひらがな / Hiragana

(1) あれは　なにか / なんですか

(2) せんしゅう、あなたは　なにを　したか　/　なにを　しましたか。

(3) あした、あなたは　なにをするのか　/　なにをしますか。

(4) あなたの　おなまえは　なにか　/　なんですか。

(5) あなたの　しごとは　なにか　/　なんですか。

(6) あなたの　しゅみは　なにか　/　なんですか。

(7) かれの　すきな　たべものは　なにか　/　なんですか。

ローマ字　/ Roman letters

(1) Are wa nani ka/ nan desu ka?

(2) Senshû, anata wa nani o shita ka/ nani o shimashita ka?

(3) Ashita, anata wa nani o suru noka/ nani o shimasu ka?

(4) Anata no onamae wa nani ka/ nan desuka?

(5) Anata no shigoto wa nani ka/ nan desuka?

(6) Anata no shumi wa nani ka/ nan desuka?

(7) Kare no sukina tabemono wa nani ka/ nan desuka?

なる (naru) "to become"

Meaning: to become

Formation:

Noun + になる

な adjective + になる

い adjective remove い + くなる

The verb なる means "to become." It indicates a change and can follow nouns and both types of adjectives. With い adjectives, the final い is dropped and く is added.

日本語 / にほんご / Japanese

(1) これから暑くなる / 暑くなります。

(2) もうすぐ明日になる / 明日になります。

(3) 来年、私は英語の教師になる / 教師になります。

(4) 3年後、私の弟は歯医者になる / 歯医者になります。

(5) 私は眠くなった / 眠くなりました。

(6) 昨日、私は30才になった / 30才になりました。

英語 / えいご / English

(1)It's getting hot from now.

(2)Tomorrow comes soon.

(3)I will become an English teacher next year.

(4)y younger brother will become a dentist three years later.

(5)I became sleepy.

(6)I became 30 years old yesterday.

ひらがな / Hiragana

(1) これから あつく なる / あつく なります。

(2) もうすぐ あしたに なる / あしたに なります。

(3) らいねん、わたしは えいごの きょうしに なる / きょうしに なります。

(4) さんねんご、わたしの おとうとは はいしゃに なる / はいしゃに なります。

(5) わたしは ねむく なった / ねむく なりました。

(6) きのう、わたしは さんじゅっさいに なった / さんじゅっさいに なりました。

ローマ字 / Roman letters

(1) Korekara atsuku naru/ atsuku nari masu.

(2) Mô sugu ashita ni naru/ ashita ni nari masu.

(3) Rainen, watashi wa Eigo no kyôshi ni naru/ kyôshi ni nari masu.

(4) San-nen-go, watashi no otôto wa haisha ni naru/ haisha ni nari masu.

(5) Watashi wa nemuku natta/ nemuku nari mashita.

(6) Kinô, watashi wa sanjyussai ni natta/ sanjyussai ni nari mashita.

に (ni) " in, at, to, for"

Meaning:
in, at, on, to

Formation:
Noun + に

(1)-(3) LOCATION OF EXISTENCE

(4)-(6) Direction and Destination

日本語 / にほんご / Japanese

(1) 机の上に本がある / あります。

(2) 私の猫は隣の部屋にいる / います。

(3) 私の両親はニュージャージー州に住んでいる / 住んでいます。

(4) これから、私たちは北に向かう / 向かいます。

(5) 明日、学校に行く / 行きます。

(6) 来年、日本に行く / 行きます。

英語 / えいご / English

(1) There is a book on the desk.

(2) My cat is in the next room.

(3) My parents live in State of New Jersey.

(4)We will head to the north from now.

(5)I will go to the school.

(6)I'm going to Japan next year.

ひらがな / Hiragana

(1) つくえの うえに ほんが ある / あります。

(2) わたしの ねこは となりの へやに いる / います。

(3) わたしの りょうしんはにゅーじゃーじー しゅうに すんでいる / すんでいます。

(4) これから、わたしたちは きたに むかう / むかいます。

(5) あした、がっこうに いく / いきます。

(6) らいねん、にほんに いく / いきます。

ローマ字 / Roman letters

(1) Tsukue no ue ni hon ga aru/ ari masu.

(2) Watashi no neko wa tonari no heya ni iru/ imasu.

(3) Watashi no ryôshin wa NyûJâjî-shû ni sunde iru/ sunde imasu.

(4) Korekara, watashi tachi wa kita ni mukau/ mukai masu.

(5) Ashita, gakkô ni iku/ ikimasu.

(6) Rainen, Nihon ni iku/ ikimasu.

Destination Particles に (ni) and へ (e) "to"

to indicate destination or direction.
the only difference is that へ E sounds much much more formal.
But you can use に ni in both casual and normal-formal situations, though.

日本語 / にほんご / Japanese

(1) 彼女は会社に行く / 行きます。

(2) 弟は5時に家に帰る / 帰ります。

(3) 来年、アリアナは京都に行く / 行きます。

(4) 日本へようこそ！

(5) 10分後、社長は会議室へ行く / 行きます。

(6) 今、伊藤部長は大阪駅へ向かっている / 向かっています。

英語 / えいご / English

(1) She goes to her company.

(2) My brother comes home at 5 o'clock.

(3) Arianna will go to Kyoto next year.

(4) Welcome to Japan!

(5) The president will go to the meeting room after 10

minutes.

(6)Ito director is heading to Osaka station.

ひらがな / Hiragana

(1) かのじょは かいしゃに いく / いきます。

(2) おとうとは ごじに いえに かえる / かえります。

(3) らいねん、ありあなは きょうとに いく / いきます。

(4) にほんへ ようこそ！

(5) じゅっぷんご、しゃちょうはかいぎしつへいく / いきます。

(6) いま、いとうぶちょうは おおさかへ むかっている / むかっています。

ローマ字 / Roman letters

(1) Kanojo wa kaisha ni iku/ ikimasu.

(2) Otôto wa go-ji ni ienikaeru/ kaerimasu.

(3) Rainen, Ari-ana wa Kyôto ni iku/ ikimasu.

(4) Nihon e yôkoso!

(5) Jyuppun go, shacho wa kaigishitsu e iku/ ikimasu.

(6) Ima, Itô buchô wa Ôsaka eki e mukatte iru/ mukatte imasu.

にいく (ni iku) "to go in order to"

Meaning:
to go in order to do something

Formation:
Verb stem + にいく

日本語 / にほんご / Japanese

(1) 私たちはこれからビールを飲みに行く / 飲みに行きます。

(2) 明日、私は家族と一緒に寿司を食べに行く / 食べに行きます。

(3) 明日、私は今年のJLPTを申し込みに行く / 申し込みに行きます。

(4) 次の金曜日、姉は最新の映画を見に行く / 見に行きます。

(5) 日曜日に娘は新しい洋服を買いに行った / 買いに行きました。

(6) 部長はクライアントのオフィスに契約書を届けに行った / 届けに行きました。

英語 / えいご / English

(1) We are going to drink beer from now.

(2) I will go eat sushi with my family tomorrow.

(3) I will go apply for the JLPT for this year tomorrow.

(4) My older sister goes to the latest movie next Friday

(5) My daughter went to buy new clothes on Sunday

(6) The department manager went to deliver the contract to the client's office.

ひらがな / Hiragana

(1) わたしたちは これから びーるを のみにいく / のみにいきます。

(2) あした、わたしは かぞくと いっしょに すしを たべにいく / たべにいきます。

(3) あした、わたしは ことしの じぇい・える・ぴー・てぃーを もうしこみにいく / もうしこみにいきます。

(4) つぎの きんようび、あねは さいしんの えいがを みにいく / みにいきます。

(5) にちようびに むすめは あたらしい ようふくを かいにいった / かいにいきました。

(6) ぶちょうは くらいあんとの おふぃすに けいやくしょ

を とどけにいった / とどけにいきました。

ローマ字 / Roman letters

(1) Watashi tachi wa korekara bîru o nomi ni iku/ nomi ni ikimasu.

(2) Ashita, watashi wa kazoku to issho ni sushi o tabe ni iku/ tabe ni ikimasu.

(3) Ashita, watashi wa kotoshi no JLPT o môshikomi ni iku/ môshikomi ni iki masu.

(4) Tsugi no kinyôbi, ane wa saishin no eiga o mi ni iku/ mi ni iki masu.

(5) Nichiyôbi ni musume wa atarashî yôfuku o kai ni itta/ kai ni iki mashita.

(6) Buchô wa kuraianto no ofisu ni keiyakusho o todoke ni itta/ todoke ni iki mashita.

にする (nisuru)" to decide on"

Meaning: to decide on
Formation:
Noun + にする

日本語 / にほんご / Japanese
(1) 今日は何にしますか？ 私はラーメンにします。
(2) どの色の車を買いますか？ 私は銀色の車にします。
(3) 各駅電車と特急電車、どちらにしますか。/ 各駅電車にします。
(4) 青い薬と赤い薬、どちらにしますか。/ 赤い薬にします。
(5) 紅茶とコーヒー、どちらにしますか。/ コーヒーにします。
(6) 食前、食後、いつコーヒーをお持ちしましょうか。/ 食後にします。

英語 / えいご / English
(1)What do you like to eat today? I will eat ramen.
(2)Which color of car do you buy? I decide on a silver car.

(3) Which train do you want to take, a local or express train? I will take the local train.
(4) Would you like a blue medicine or a red medicine? I will take a red one.
(5) Which do you want, tea or coffee? I will drink coffee.
(6) When would you like coffee, before meal or after meals? I will drink it after meal.

ひらがな / Hiragana

(1) きょうは なにに しますか？ わたしは らーめんにします。
(2) どのいろの くるまを かいますか？ わたしは ぎんいろのくるま にします。
(3) かくえき でんしゃと とっきゅう でんしゃ、どちらに しますか。/ かくえきでんしゃ にします。
(4) あおいくすりと あかいくすり、どちらに しますか。/ あかいくすりに します。
(5) こうちゃと こーひー、どちらに しますか。/ こーひーに します。
(6) しょくぜん、しょくご、いつ こーひーを おもちしましょうか。/ しょくごに します。

ローマ字 / Roman letters

(1) Kyô wa nani ni shimasu ka? Watashi wa râmen ni shimasu.

(2) Dono-iro no kuruma o kaimasu ka? Watashi wa gin iro no kuruma ni shimasu.

(3) Kakueki densha to tokkyû densha, dochira ni shimasu ka. / Kakueki densha ni shimasu.

(4) Aoi kusuri to akai kusuri, dochira ni shimasu ka. / Akai kusuri ni shimasu.

(5) Kôcha to kôhî, dochira ni shimasu ka. / Kôhî ni shimasu.

(6) Shokuzen, shokugo, itsu kôhî o o-mochi shimashô ka. / Shokugo ni shimasu.

の (no) -2: Verb nominalizer

Meaning: Verb nominalizer

Nominalizers are used to change verbs, adjectives, etc., into nouns or noun phrases.

"の" is used in sentences that express something subjective

Formation:

Verb-casual + の

You use の to turn a Verb into a Noun.

日本語 / にほんご / Japanese

(1) 友達が彼女と話しているのを聞いた / 聞きました。
(2) 友達と遊ぶのは楽しい / 楽しいです。
(3) 弟が家に帰るのを母は待っている / 待っています。
(4) 昨日、私はお昼ご飯を食べるのを忘れた / 忘れました。
(5) 一昨日、試験を受けるのを忘れた / 忘れました。
(6) 夕食の後、皿を洗うのを手伝う / 手伝います。
(7) 来週の月曜日、あなたが日本語を勉強するのを手伝う / 手伝います。

ことばと表現 / Words & Expressions

皿を洗う【さらをあらう】to wash the dishes

英語 / えいご / English

(1)I heard my friend talk with his girlfriend.

(2)Hanging out with friends is enjoyable.

(3)My mother is waiting for my brother to come home.

(4)I forgot to eat lunch yesterday.

(5)The day before yesterday I forgot to take an exam

(6)I'll help wash the dishes after dinner.

(7)I will help you learn Japanese next Monday.

ひらがな / Hiragana

(1) ともだちが かのじょと はなしているのを きいた / ききました。

(2) ともだちと あそぶのは たのしい / たのしいです。

(3) おとうとが いえにかえるのを ははは まっている / まっています。

(4) きのう、わたしは おひるごはんを たべるのを わすれた / わすれました。

(5) おととい、しけんを うけるのを わすれた / わすれまし

た。

(6) ゆうしょくのあと、さらを あらうのを てつだう / てつだいます。

(7) らいしゅうの げつようび、あなたが にほんごを べんきょするのを てつだう / てつだいます。

ローマ字 / Roman letters

(1) Tomodachi ga kanojo to hanashite iru no o kîta/ kiki mashita.

(2) Tomodachi to asobu no wa tanoshî/ tanoshî desu.

(3) Otôto ga ie ni kaeru no o haha wa matte iru/ matte imasu.

(4) Kinô watashi wa ohiru gohan o taberu no o wasureta/ wasure mashita.

(5) Ototoi, shiken o ukeru no o wasureta/ wasure mashita.

(6) Yûshoku no ato, sara o arau no o tetsudau/ tetsudai masu.

(7) Raishû no getsuyôbi, anata ga Nihongo o benkyô suru no o tetsudau/ tetsudaimasu.

のがじょうず (no ga jouzu) "to be good at"

Meaning: to be good at

Formation:

Verb-dictionary form + のがじょうず

日本語 / にほんご / Japanese

(1) あなたのお姉さんはピアノを弾くのが上手だ / 上手です。

(2) ジョンは料理をするのが上手だ / 上手です。

(3) 弟はプログラムをするのが上手だ / 上手です。

(4) 彼女は日本語を話すのが上手だ / 上手です。

(5) 私の息子は絵を描くのが上手だ / 上手です。

(6) 私の妻は歌うのが上手だ / 上手です。

英語 / えいご / English

(1) Your sister is good at playing the piano.

(2) John is good at cooking.

(3) My younger brother is good at programming.

(4) She is good at speaking Japanese.

(5) My son is good at drawing pictures.

(6) My wife is good at singing.

ひらがな / Hiragana

(1) あなたの おねえさんは ぴあのを ひくのがじょうずだ / じょうずです。

(2) じょんは りょうりをするのがじょうずだ / じょうずです。

(3) おとうとは ぷろぐらむを するのがじょうずだ / じょうずです。

(4) かのじょは にほんごを はなすのがじょうずだ / じょうずです。

(5) わたしの むすこは えを かくのがじょうずだ / じょうずです。

(6) わたしの つまは うたうのがじょうずだ / じょうずです。

ローマ字 / Roman letters

(1) Anata no onê san wa piano o hiku no ga jôzu da/ jôzud esu.

(2) Jon wa ryôri o suru no ga jozu da/ jôzu desu.

(3) Otôto wa puroguramu o suru no ga jôzu da/ jôzu desu.

(4) Kanojo wa Nihongo o hanasu no ga jôzu da/ jôzu desu.

(5) Watashi no musuko wa e o kaku no ga jôzu da/ jôzu desu.

(6) Watashi no tsuma wa utau no ga jôzu da/ jôzu desu.

のがすき (no ga suki) " like / love doing"

Meaning: to love / to like doing something

Formation:

Verb-dictionary form + のがすき + だ / です

日本語 / にほんご / Japanese

(1) 私はアニメを見るのが好きだ / 好きです。

(2) 私はサッカーをするのが好きだ / 好きです。

(3) 私は朝、日本語を勉強するのが好きだ / 好きです。

(4) ヒトミは歌うのが好きだ / です。

(5) 父は土曜日に料理をするのが好きだ / 好きです。

(6) 彼女のお母さんは土曜日に映画を見るのが好きだ / 好きです。

英語 / えいご / English

(1)I like watching anime.

(2)I like to play soccer.

(3)I like to study Japanese in the morning.

(4)Hitomi likes singing.

(5)My dad likes cooking on weekends.

(6)Her mother likes watching films on Saturdays.

ひらがな / Hiragana

(1) わたしは　あにめを みるのがすきだ / すきです。

(2) わたしは　さっかーを するのがすきだ / すきです。

(3) わたしは　あさ、にほんごを　べんきょうするのがすきだ / すきです。

(4) ひとみは　うたうのがすきだ / すきです。

(5) ちちは　どようびに　りょうりを するのがすきだ / すきです。

(6) かのじょの　おかあさんは どようびに　えいがを みるのがすきだ / すきです。

ローマ字　/ Roman letters

(1) Watashi wa anime o miru no ga suki da/ suki desu.

(2) Watashi wa sakkâ o suru no ga suki da/ suki desu.

(3) Watashi wa asa, Nihongo o benkyô suru no ga suki da/ suki desu.

(4) Hitomi wa utau no ga suki da/ suki desu.

(5) Chichi wa doyôbi ni ryôri o suru no ga suki da/ suki desu.

(6) Kanojo no okâsan wa doyôbi ni eiga o miru no ga suki da/ suki desu.

のがへた (no ga heta) "to be bad at"

Meaning: to be bad at something, to be not good at something

Formation:

Verb-dictionary form + のが下手だ

日本語 / にほんご / Japanese

(1) 私はダンスをするのが下手だ　/ 下手です。

(2) 彼は運転するのが下手だ　/　下手です。

(3) 彼女は絵を描くのがすごく下手だ　/　下手です。

(4) アリスはスペイン語を話すのがすごく下手だ　/ 下手です。

(5) アキラはいいわけをするのがとても下手だ　/　下手です。

(6) 兄は名前を覚えるのが下手だ　/　下手です。

英語 / えいご / English

(1) I'm bad at dancing.

(2) He is a bad driver.

(3) She is terrible at painting.

(4) Alice is pretty bad at speaking Spanish.

(5) Akira is pretty bad at making excuses.

(6) My elder brother has trouble remembering names.

ひらがな / Hiragana

(1) わたしは だんすを するのがへただ / へたです。

(2) かれは うんてん するのがへただ / へたです。

(3) かのじょは えを かくのが すごく へただ / へたです。

(4) ありすは すぺいんごを はなすのが すごく へただ / へたです。

(5) あきらは いいわけを するのが とてもへただ / へたです。

(6) あには なまえを おぼえるのがへただ / へたです。

ローマ字 / Roman letters

(1) Watashi wa dansu o suru no ga heta da/ heta desu.

(2) Kare wa unten suru no ga heta da/ heta desu.

(3) Kanojo wa e o kaku no ga sugoku heta da/ heta desu.

(4) Arisu wa Supeingo o hanasu no ga sugoku heta da/ heta desu.

(5) Akira wa îwake o suru no ga totemo heta da/ heta desu.

(6) Ani wa namae o oboeru no ga heta da/ heta desu.

ので (node) "because of; the reason is that; given that"

Meaning: because of; the reason is that; given that

Formation:

Verb + ので

Noun + なので

い adj + ので

な adj + なので

日本語 / にほんご / Japanese

(1) 彼は寝過ごしたので学校に遅刻した / 遅刻しました。

(2) 私は仕事が終わったので帰る / 帰ります。

(3) ここは駐車禁止なので私たちは車を止めてはいけない / 車を止めてはいけません。

(4) 明日は休みなので、私は自分の部屋を掃除したい / 掃除したいです。

(5) もう遅いので早く寝なさい / 寝てください。

(6) 暑いので窓を開けなさい / 開けてください。

(7) 邪魔なので、その椅子をどかして / どかしてください。

(8) 子供が大好きなので、ナオミは幼稚園の先生になるべきだ / なるべきです。

英語 / えいご / English

(1) He was late for school as he overslept.

(2) Since I finished my work, I will go home.

(3) Since parking cars is prohibited here, we should not stop the car.

(4) I am off for tomorrow, so I want to clean my room.

(5) Since it is already late, go to bed soon.

(6) Please open the window as it is hot.

(7) As the chairs are in the way, put them away.

(8) Since Naomi likes children very much, she should be a kindergarten teacher.

ひらがな / Hiragana

(1) かれは ねすごしたので がっこうに ちこくした / ちこくしました。

(2) わたしは しごとが おわったので かえる / かえります。

(3) ここは ちゅうしゃ きんしなので わたしたちは くるまを とめてはいけない / くるまを とめてはいけません。

(4) あしたは やすみなので、わたしは じぶんの へやを そうじしたい / そうじしたいです。

(5) もう おそいので はやく ねなさい / ねてください。

(6) あついので まどを あけなさい / あけてください。

(7) じゃまなので、そのいすをどかして / どかしてください。

(8) こどもが だいすきなので、なおみは ようちえんの せんせいに なるべきだ / なるべきです。

ローマ字 / Roman letters

(1) Kare wa nesugoshita node gakkô ni chikoku shita/ chikoku shima shita.

(2) Watashi wa shigoto ga owatta node kaeru/ kaeri masu.

(3) Koko wa chûsha kinshi nanode watashi tachi wa kuruma o tomete wa ikenai/ kuruma o tomete wa ikemasen.

(4) Ashita wa yasumi nano de, watashi wa jibun no heya o sôji shitai/ sôji shitai desu.

(5) Mô osoi node hayaku ne nasai / nete kudasai.

(6) Atsui node mado o ake nasai/ akete kudasai.

(7) Jama nanode, sono isu o dokashite/ dokashite kudasai.

(8) Kodomo ga daisuki nanode, Naomi wa yôchien no

sensei ni naru beki da/ naru beki desu.

すぎる (sugiru)　"too much"

Meaning: too much

to express excessiveness

Formation:

Verb- ます masu stem + すぎる

い adjective (remove い) + すぎる

な adjective + すぎる

日本語 / にほんご / Japanese

(1) 弟はいつもお昼ご飯を食べすぎる　/　食べすぎます。

(2) あの店の料理は値段が高すぎる　/　高すぎます。

(3) この靴は私には大きすぎる　/　大きすぎます。

(4) このイスは私には低すぎる　/　低すぎます。

(5) この問題は大人には単純すぎる　/　単純すぎます。

(6) あのインド料理レストランのカレーは子供には辛すぎた　/　辛すぎました。

英語 / えいご / English

(1)My little brother always has lunch too much.

(2)That restaurant's dishes are too expensive.

(3)These shoes are too big for me.

(4)This chair is too low for me.

(5)This problem is too simple for adults.

(6)That Indian restaurant curry was too hot for children.

ひらがな / Hiragana

(1) おとうとは いつも おひるごはんを たべすぎる / たべすぎます。

(2) あのみせの りょうりは ねだんが たかすぎる / たかすぎます。

(3) このくつは わたしには おおきすぎる / おおきすぎます。

(4) このいすは わたしには ひくすぎる / ひくすぎます。

(5) このもんだいは おとなには たんじゅんすぎる / たんじゅんすぎます。

(6) あの いんどりょうり れすとらんの かれーは こどもには からすぎた / からすぎました。

ローマ字　/ Roman letters

(1) Otôto wa itsumo ohiru gohan o tabe sugiru/ tabe sugi masu.

(2) Ano mise no ryôri wa nedan ga taka sugiru/ taka sugimasu.

(3) Kono kutsu wa watashi niwa ôki sugiru/ niwa ôki sugimasu.

(4) Kono isu wa watashini wa hiku sugiru/ hiku sugi masu.

(5) Kono mondai wa otona ni wa tanjun sugiru/ tanjun sugimasu.

(6) Ano Indo ryôri resutoran no karê wa kodomo ni wa kara sugita/ kara sugi   mashita.

たい (tai) "want to"

Meaning:
want to do something

You use たい to express a desire to do something.
When you want to say that you want to do something (action/verb) you must addたい (tai) to the stem of the masu-verb. The direct object can be marked either by が or を.

Formation:
Verb stem + たい

日本語 / にほんご / Japanese
(1) 私は明日７時に朝ご飯を食べたい / 食べたいです。

(2) 私は来年、大学を卒業したい / 卒業したいです。

(3) 私は５月に日本に行きたい / 行きたいです。

(4) 娘は、明日、東京を観光したい / 観光したいです。

(5) 私は今日、おばさんとの約束を守りたい / 守りたいです。

(6) 来月、大阪の本屋で日本語の教科書を探したい / 探したいです。

言葉と表現 / Vocabulary & Expressions

(~を) 卒業する【そつぎょうする】to graduate

観光する【かんこうする】to do sightseeing

英語 / えいご / English

(1) I want to eat breakfast at 7 o'clock tomorrow.

(2) I want to graduate from university next year.

(3) I would like to go to Japan in May.

(4) My daughter wants to do sightseeing in Tokyo tomorrow.

(5) I want to keep a promise I made to my aunt today.

(6) I want to find a Japanese textbook at a bookstore in Osaka next month.

ひらがな / Hiragana

(1) わたしは あした しちじに あさごはんを たべたい / たべたいです。

(2) わたしは らいねん、だいがくを そつぎょうしたい / そつぎょう したいです。

(3) わたしは ごがつに にほんに いきたい / いきたいです。

(4) むすめは、あした、とうきょうを かんこうしたい /

かんこうしたいです。

(5) わたしはきょう、おばさんとのやくそくをまもりたい / まもりたいです。

(6) らいげつ、おおさかのほんやでにほんごのきょうかしょをさがしたい / さがしたいです。

ローマ字 / Roman letters

(1) Watashi wa ashita shiti-ji ni asa gohan o tabetai/ tabetai desu.

(2) Watashi wa rainen, daigaku o sotsugyô shitai/ sotsugyô shitai desu.

(3) Watashi wa go gatsu ni Nihon ni ikitai/ ikitaidesu.

(4) Musume wa, ashita, Tôkyô o kankô shitai/ kankô shitai desu.

(5) Watashi wa kyô, obasan to no yakusoku o mamoritai/ mamoritai desu.

(6) Raigetsu, ôsaka no hon'ya de Nihongo no kyôkasho o sagashitai/ sagashitai desu.

たことがある (takotoga aru) "have done before"

Meaning: have done something before

You use たことがある to indicate that something has happened in the past.

Formation:

Verb-plain past + ことがある

日本語 / にほんご / Japanese

(1) 私は過去に日本語能力試験を受けたことがある / 受けたことがあります。

(2) 私は日本の企業に履歴書を送ったことがある / 送ったことがあります。

(3) おばさんは日本のホテルを予約したことがある / 予約したことがあります。

(4) 大家さんは一日中、彼の猫を探したことがある / 探したことがあります。

(5) 奥さんは午前2時にアイロンをかけたことがある / アイロンをかけたことがあります。

(6) そのやくざは過去に道に迷ったことがある / 迷ったことがあります。

言葉と表現 / Words & Expressions

履歴書【りれきしょ】resume

送る【おくる】to send (person に thing を)

おばさん【---】aunt

(~を) 予約する【よやくする】to reserve

一日中【いちにちじゅう】all day long

大家さん【おおやさん】landlord

奥さん【おくさん】wife

(~に) アイロンをかける【---】to iron clothes

やくざ【--】gangster

道に迷う【みちにまよう】to become lost; to lose one's way

英語 / English

(1) I have taken the Japanese Language Proficiency Test in the past.

(2) I have sent my resume to a Japanese company.

(3) My aunt has booked a hotel in Japan.

(4) The landlord sought his cat all day long.

(5) My wife had ironed it at 2 AM.

(6) The yakuza has lost his way in the past.

ひらがな / Hiragana

(1) わたしは かこに にほんご のうりょく しけんを うけたことがある / うけたことがあります。

(2) わたしは にほんの きぎょうに りれきしょを おくったことがある / おくったことがあります。

(3) おばさんは にほんの ほてるを よやくしたことがある / よやくしたことがあります。

(4) おおやさんは いちにちじゅう、かれの ねこを さがしたことがある / さがしたことがあります。

(5) わたしの おくさんは ごぜん にじに あいろんを かけたことがある / あいろんを かけたことがあります。

(6) そのやくざは かこに みちに まよったことがある / まよったことがあります。

ローマ字 / Roman letters

(1) Watashi wa kako ni Nihongo nôryoku shiken o uketa koto ga aru/ uketa koto ga arimasu.

(2) Watashi wa Nihon no kigyô ni rirekisho o okutta koto ga aru/ okutta koto ga arimasu.

(3) Obasan wa Nihon no hoteru o yoyaku shita koto ga aru/ yoyaku shita koto ga arimasu.

(4) Ôya-san wa ichi nichi jû, kare no neko o sagashita koto ga aru/ sagashita koto ga ari masu.

(5) Okusan wa gozen ni-ji ni airon o kaketa koto ga aru/ airon o kaketa koto ga arimasu.

(6) Sono yakuza wa kako ni michi ni mayotta koto ga aru/ mayotta koto ga arimasu.

誰と (dare to): with whom

Meaning: with whom

日本語 / にほんご / Japanese

(1) 彼女は誰と働いているの ／ 働いているのですか。

(2) あなたはその花屋さんに誰と行くの ／ 行くのですか。

(3) あなたは誰と話していたの ／ 話していたのですか

(4) あなたは誰と釣りに行ったの ／ 行ったのですか。

(5) 彼は誰とダンスしたの ／ ダンスしたのですか。

(6) 昨日、あなたは誰とぶらついていたの ／ ぶらついていたのですか。

ことばと表現 / Words & Expressions

ぶらつく hang out

釣りに行く【つりにいく】to go fishing

英語 / えいご / English

(1) Who does she work with?

(2) Who are you going to the flower shop with?

(3) Who were you talking with?

(4) Who did you go fishing with?

(5) Who did she dance with?

(6) Who did you hang out with yesterday?

ひらがな / Hiragana

(1) かのじょはだれとはたらいているの　/　はたらいているのですか。

(2) あなたはそのはなやさんにだれといくの　/　いくのですか。

(3) あなたはだれとはなしていたの　/　はなしていたのですか

(4) あなたはだれとつりにいったの　/　いったのですか。

(5) かれはだれとだんすしたの　/　だんすしたのですか。

(6) きのう、あなたはだれとぶらついていたの　/　ぶらついていたのですか。

ローマ字 / Roman letters

(1) Kanojo wa dare to hataraite iru no/ hataraite iru nodesu ka?

(2) Anata wa sono hanaya-san ni dare to ikuno / ikuno desu ka?

(3) Anata wa dare to hanashite ita no/ hanashite ita nodesu ka?

(4) Anata wa dare to tsuri ni itta no/ itta no desuka?

(5) Kare wa dare to dansu shita no / dansu shita no desuka?

(6) Kinô, anata wa dare to buratsuite ita no / buratsuite ita no desu ka?

てください (tekudasai) "please do…"

Meaning:
Please do something

Formation:
Verb て form (te form) + ください (kudasai)

日本語 / にほんご / Japanese

(1) 明日、電話を私にしてください。

(2) 来年、ハガキを書いてください。

(3) ここに名前を書いてください。

(4) 毎週、ここに座ってください。

(5) 毎日、この部屋を掃除してください。

(6) 教科書の25ページを開けてください。

言葉と表現 / Words & Expressions

電話【でんわ】telephone

葉書【はがき】postcard

毎週【まいしゅう】every week

毎日【まいにち】every day

部屋【へや】room

英語 / えいご / English

(1) Please call me tomorrow.

(2) Please write the postcard next year.

(3) Please write your name here.

(4) Please sit here every week.

(5) Please clean this room every day.

(6) Please open page 25 of the textbook.

ひらがな / Hiragana

(1) あした、でんわを わたしに してください。

(2) らいねん、はがきを かいてください。

(3) ここに なまえを かいてください。

(4) まいしゅう、ここに すわってください。

(5) まいにち、この へやを そうじしてください。

(6) きょうかしょの にじゅうご ページを あけてください。

ローマ字 / Roman letters

(1) Ashita, denwa o watashi ni shite kudasai.

(2) Rainen, hagaki o kaite kudasai.

(3) Koko ni namae o kaite kudasai.

(4) Maishû, koko ni suwatte kudasai.

(5) Mainichi, kono heya o sôji shite kudasai.

(6) Kyôkasho no nijyû go pêji o akete kudasai.

なんで、なにで (nannde,nanide): by what

Meaning: by what / why

なんで　by what means/ why

なにで　by what means

日本語 / にほんご / Japanese

(1) あなたは何で駅まで行きますか。
　　タクシーで行きます。
(2) 彼はここに何で来たのですか？
　　彼は電車で来ました。
(3) あなたは何で支払いますか。
　　私はクレジットカードで支払います。
(4) これは何でできていますか。
(5) この橋は何でできていますか。
(6) 何でジュースを作るのですか。
　　　野菜で作ります。

ことばと表現 / Words & Expressions

支払う【しはらう】to pay

野菜【やさい】vegetable

英語 / えいご / English

(1) How are you going to the station?　I will go there by taxi.

(2) How did he come here?　He came here by train.

(3) How do you pay?　I'll pay it by credit card.

(4) What is this made out of?

(5) What is this bridge made out of?

(6) By using what (materials) will you make juice?
　　I will make it by using vegetables.

ひらがな / Hiragana

(1) あなたは　なんで　えきまで　いきますか。
　　たくしーで　いきます。
(2) かれは　ここに　なんで　きたのですか？
　　かれは　でんしゃで　きました。
(3) あなたは　なにで　しはらいますか。
　　わたしは　くれじっとかーどで　しはらいます。
(4) これは　なにで　できていますか。
(5) このはしは　なにで　できていますか。
(6) なにでじゅーすをつくるのですか。
　　やさいでつくります。

ローマ字　/ Roman letters

(1) Anata wa nande eki made ikimasu ka?

　　Takushî de ikimasu.

(2) Kare wa koko ni nande kita nodesu ka?

　　Kare wa densha de ki mashita.

(3) Anata wa nani de shiharai masu ka.

　　Watashi wa kurejitto kâdo de shiharai masu.

(4) Kore wa nani de dekite imasu ka?

(5) Kono hashi wa nani de dekite imasu ka?

(6) Nani de jyûsu o tsukuru no desu ka.

　　Yasai de tsukuri masu?

てもいい (temo ii): "is okay, is alright to, can"

Meaning: is okay, is alright to, can, may

Formation:

Verb- て form + もいい

い adjective (remove い) + てもいい

な adjective + でもいい

Noun + でもいい

日本語 / にほんご / Japanese

(1) あなたはもう家に帰ってもいい / 帰ってもいいです。

(2) 警官はここで写真を撮ってもいい / 撮ってもいいです。

(3) あなたは明日は仕事を休んでもいい / 休んでもいいです。

(4) 生徒たちは教室で野球の練習をしてもいい / 練習をしてもいいです。

(5) あなたの学生は、再来年、ここに住んでもいい / 住んでもいいです。

(6) 留学生は大学の中で働いてもいい / 働いてもいいです。

ことばと表現 / Words & Expressions

警官【けいかん】police officer

撮る【とる】to take a photo or record a film

生徒【せいと】pupil

休む【やすむ】to rest, to take day off

学生【がくせい】student

練習【れんしゅうする】to practice

教室【きょうしつ】classroom

住む【すむ】to live in

大学【だいがく】university

留学生【りゅうがくせい】international students

働く【はたらく】to work

英語 / えいご / English

(1) You may return home now.

(2) The police officer may take a picture here.

(3) You may take a day off from work tomorrow.

(4) The students can practice baseball in the classroom.

(5) Your students may live here the year after next.

(6) International students may work in the university

ひらがな / Hiragana

(1) あなたは もう いえに かえってもいい / かえってもいいです。

(2) けいかんは ここで しゃしんを とってもいい / とってもいいです。

(3) あなたは あしたは しごとを やすんでもいい / やすんでもいいです。

(4) せいとたちは きょうしつで やきゅうの れんしゅうを してもいい / れんしゅうを してもいいです。

(5) あなたの がくせいは、さらいねん、ここに すんでもいい / すんでもいいです。

(6) りゅうがくせいは だいがくの なかで はたらいていい / はたらいていいです。

ローマ字 / Roman letters

(1) Anata wa mô ie ni kaette mo î/ kaette mo î desu.

(2) Keikan wa koko de shashin o totte mo î/ totte mo î desu.

(3) Anata wa ashita wa shigoto o yasunde mo î/ yasunde mo î desu.

(4) Seito tachi wa kyôshitsu de yakyû no renshu o shite mo î/ renshu o shite mo î desu.

(5) Anata no gakusei wa, sarainen, koko ni sunde mo î/ sunde mo îdesu.

(6) Ryûgakusei wa daigaku no naka de hataraite mo î/ hataraite mo î desu.

てから (tekara) "after doing"

Meaning:

after doing something, since

This grammar allows you to express a direct continuity between two actions. One action is done right after the other. This grammar is often used.

Formation:

Verb て from + から

日本語 / にほんご / Japanese

(1) いつも私は手を洗ってから食事をする / します。

(2) 毎朝、私は日本語を勉強してから、朝ご飯を食べる / 食べます。

(3) 毎週土曜日、私は部屋を掃除してから、洗濯をする / 洗濯をします。

(4) 今夜、私はもう少しテレビを見てから寝る / 寝ます。

(5) 今朝、先生はコンビニで買い物をしてから、学校に来た / 来ました。

(6) 彼女は電車を降りてから、切符をなくしたことに気づいた / 気づきました。

(7) 風邪が治ってから、学校に来て / 来てください。

英語 / えいご / English

(1) I always eat a meal after washing my hands.

(2) Every morning I eat breakfast after studying Japanese.

(3) Every Saturday I do the laundry after cleaning the room.

(4) I will go to bed tonight after I watch TV a little more.

(5) This morning, my teacher came to school after shopping at a convenience store.

(6) After she got off the train she realized she lost her ticket.

(7) Please come to school after you recover from your cold.

ひらがな / Hiragana

(1) いつも わたしは てを あらってから しょくじをする / しょくじをします。

(2) まいあさ、わたしは にほんごを べんきょうしてから、あさごはんを たべる / たべます。

(3) まいしゅう どようび、わたしは へやを そうじしてから、せんたくをする / せんたくをします。

(4) こんや、わたしは もうすこし てれびを みてから ねる / ねます。

(5) けさ、せんせいは こんびにで かいものをしてから、がっこうにきた / きました。

(6) かのじょは でんしゃを おりてから、きっぷを なくしたことに きづいた / きづきました。

(7) かぜが なおってから、がっこうに きて / きてください。

ローマ字 / Roman letters

(1) Itsumo watashi wa te o aratte kara shokuji o suru/ shimasu.

(2) Maiasa, watashi wa Nihongo o benkyô shite kara, asa gohan o tabe ru/ tabe masu.

(3) Maishû doyôbi, watashi wa heya o sôji shite kara, sentaku o suru/ sentaku o shimasu.

(4) Konya, watashi wa mô sukoshi terebi o mite kara neru / nemasu.

(5) Kesa, sensei wa konbini de kaimono o shite kara, gakkô ni kita/ kima shita.

(6) Kanojo wa densha o orite kara, kippu o nakushita koto ni kizuita/ kizuki mashita.

(7) Kaze ga naotte kara, gakkô ni kite/ kite kudasai.

なんばん (nan ban) what number

Meaning : what number

日本語 / にほんご / Japanese
(1) あなたの携帯電話の番号は何番か / 何番ですか。
(2) 緊急連絡先は何番か / 何番ですか。
(3) あなたの部屋は何番か / 何番ですか。
(4) 私は何番のバスに乗るべきか / 乗るべきですか。
(5) 私たちは何番ゲートから搭乗すべきか / 搭乗すべきですか。
(6) その電車は何番線から出るか / 出ますか。

ことばと表現 / Words & Expressions
携帯電話【けいたいでんわ】mobile phone,cell phone
緊急連絡先【きんきゅうれんらくさき】emergency contact information
搭乗する【とうじょうする】to board
出る【でる】to leave

英語 / えいご / English

(1) What is your cell telephone number?

(2) What is the emergency telephone number?

(3) What is the number of your room?

(4) What number bus should I take?

(5) From which gate should we board?

(6) Which line will that train leave from?

ひらがな / Hiragana

(1) あなたの けいたいでんわの ばんごうは なんばんか / なんばんですか。

(2) きんきゅう れんらくさきは なんばんか / なんばんですか。

(3) あなたの へやは なんばんか / なんばんですか。

(4) わたしは なんばんの ばすに のるべきか / のるべきですか。

(5) わたしたちは なんばんげーとから とうじょうすべきか / とうじょうすべきですか。

(6) その でんしゃは なんばんせんからでるか / でますか。

ローマ字 / Roman letters

(1) Anata no keitai denwa no bangô wa nan-ban ka/ nan-ban desu ka?

(2) Kinkyû renraku saki wa nan ban ka/ nan ban desu ka?

(3) Anata no heya wa nan ban ka/nan ban desu ka?

(4) Watashi wa nan ban no basu ni noru beki ka/ noru beki desu ka?

(5) Watashi tachi wa nan ban gêto kara tôjô subeki ka/ tôjô subeki desu ka?

(6) Sono densha wa nan ban sen kara deru ka/ demasu ka?

てはいけない (tewaikenai): must not, may not

Meaning:
may not, must not

Formation:
Verb- て form + はいけない / ちゃいけない / てはだめ / ちゃだめ

Note: だめ =casual, いけない / いけません =formal, ならない / なりません =used in prohibition that applies to more than one person like rules or policies

日本語 / にほんご / Japanese

(1) あなたは、ここに入ってはいけない / 入ってはいけません。
(2) あなたは、お酒を飲んではいけない / 飲んではいけません。
(3) あなたは、ここでタバコを吸ってはいけない / 吸ってはいけません。
(4) 私たちは、ここに自転車を止めてはいけない / 止めてはいけません。
(5) 私たちは、美術館で写真を撮ってはいけない / 撮ってはいけません。
(6) 私たちは、眠いときに運転してはいけない / 運転してはいけません。

ことばと表現 / Words & Expressions
自転車【じてんしゃ】bicycle

英語 / えいご / English
(1) You must not enter here.

(2) You are not allowed to drink alcohol.

(3) You must not smoke here.

(4) We must not park our bicycles here.

(5) We shouldn't take a picture in the museum.

(6) We must not drive when we are sleepy.

ひらがな / Hiragana
(1) あなたは、ここに はいってはいけない / はいっては いけません。

(2) あなたは、おさけを のんではいけない / のんではいけません。

(3) あなたは、ここで たばこを すってはいけない / すってはいけません。

(4) わたしたちは、ここに じてんしゃを とめてはいけない / とめてはいけません。

(5) わたしたちは、びじゅつかんで しゃしんを とってはいけない / とってはいけません。

(6) わたしたちは、ねむい ときに うんてんしてはいけな

い / うんてんしてはいけません。

ローマ字 / Roman letters

(1) Anata wa, koko ni haitte wa ikenai/ hitte wa ikemasen.

(2) Anata wa, o sake o nonde wa ikenai/ nonde wa ikemasen.

(3) Anata wa, koko de tabako o sutte wa ikenai/ sutte wa ikemasen.

(4) Watashi tachi wa, koko ni jitensha o tomete wa ikenai/ tomete wa ikemasen.

(5) Watashi tachi wa, bijutsukan de shashin o totte wa ikenai/ totte wa ikemasen.

(6) Watashi tachi wa, nemui toki ni unten shite wa ikenai/ unten shite wa ikemasen.

と (to): and, with

Meaning: and, with

Formation:

Noun + と + Noun

日本語 / にほんご / Japanese

(1) 弟は漫画と小説を読む / 読みます。

(2) 次の土曜日に私は洗濯と掃除をする / 掃除をします。

(3) 今日、私の奥さんはスーパーで豚肉と鶏肉と卵を買った / 買いました。

(4) 火曜日に、弟は加藤さんと大阪に行った / 行きました。

(5) 昨日、私は友達と図書館で勉強した / 勉強しました。

(6) 先週、ドロシーはお母さんと買い物に行った / 行きました。

ことばと表現 / Words & Expressions

土曜日【どようび】Saturday

火曜日【かようび】Tuesday

豚肉【ぶたにく】pork

とり肉【とりにく】chicken meat

卵【たまご】egg

英語 / えいご / English

(1) My younger brother reads manga and novels.

(2) On next Saturday I do the laundry and cleaning.

(3) Today my wife bought pork, chicken, and eggs at the supermarket.

(4) On Tuesday my brother went to Osaka with Mr. Kato.

(5) Yesterday, I studied at the library with my friends.

(6) Last week, Dorothy went shopping with her mother.

ひらがな / Hiragana

(1) おとうとは まんが と しょうせつを よむ / よみます。
(2) つぎの どようびに わたしは せんたく と そうじをする / そうじをします。
(3) きょう、わたしの おくさん はすーぱーで ぶたにく と とりにく と たまご を かった / かいました。
(4) かようびに、おとうとは かとうさんと おおさかに いった / いきました。
(5) きのう、わたしは ともだちと としょかんで べんきょうした / べんきょうしました。
(6) せんしゅう、どろしーは おかあさんと かいものに いった / いきました。

ローマ字 / Roman letters

(1) Otôto wa manga to shôsetsu o yomu/ yomi masu.

(2) Tsugi no doyôbi ni watashi wa sentaku to sôji o suru/ sôji o shimasu.

(3) Kyô, watashi no okusan wa sûpâ de butaniku to toriniku to tamago o katta/ kai mashita.

(4) Kayôbi ni, otôto wa katô san to Ôsaka ni itta/ iki mashita.

(5) Kinô, watashi wa tomodachi to toshokan de benkyô shita/ benkyô shimashita.

(6) Senshû, doroshî wa okâsan to kaimono ni itta/ iki mashita.

つもりだ (tsumori da) "plan to, intend to"

Meaning: plan to do something; plan on doing something; to be convinced that

Formation:

Verb-casual, non-past + つもりだ : plan to do something

Verb-casual, past + つもりだ : to be convinced that…

な adjective + な + つもりだ

い adjective (non-past) + つもりだ

Noun + のつもりだ

日本語 / にほんご / Japanese

(1) 明日、私は郵便局へ行くつもりだ ／ つもりです。

(2) 今日の午後、わたしはその店で時計を買うつもりだ ／ 買うつもりです。

(3) 6月の終わりに私たちは結婚するつもりだ ／ 結婚するつもりです。

(4) 今月、私たちは、あの山に登るつもりだ ／ 登るつもりです。

(5) あなたは夏休みの間に何をするつもりですか。

英語 / えいご / English

(1)I plan to go to the post office tomorrow.

(2)This afternoon I will buy a watch at the store.

(3)At the end of June, we'll marry.

(4)This month we are going to climb that mountain.

(5)What are you going to do during the summer holidays?

ひらがな / Hiragana

(1) あした、わたしは　ゆうびんきょくへ　いくつもりだ　/　つもりです。

(2) きょうの ごご、わたしは　そのみせで　とけいを　かうつもりだ　/　かうつもりです。

(3) ろくがつの　おわりに　わたしたちは　けっこんするつもりだ　/　けっこんするつもりです。

(4) こんげつ、わたしたちは、あのやまに　のぼるつもりだ　/　のぼるつもりです。

(5) あなたは　なつやすみの　あいだに　なにを　する　つもりですか。

ローマ字　/ Roman letters

(1) Ashita, watashi wa yûbinkyoku e iku tsuumori da/ tsumori desu.

(2) Kyô no gogo, watashi wa sono mise de tokei o kau tsumori da/ kau tsumori desu.

(3) Rokugatsu no owari ni watashi tachi wa kekkon suru tsumori da/ kekkon suru tsumori desu.

(4) Kongetsu, watashi tachi wa, ano yama ni noboru tsumori da/ noboru tsumori desu.

(5) Anata wa natsu yasumi no aida ni nani o suru tsumori desu ka.

どこ (doko) "where"

日本語 / にほんご / Japanese

(1) あなたの家はどこですか。

(2) あなたの会社はどこにありますか。

(3) あなたはどこの町の出身ですか。

(4) あなたはその本をどこで買いましたか

(5) 昨日、あなたはどこにいましたか。

(6) 明日、あなたはどこに行く予定ですか。

(7) 冬休み中、あなたはどこに旅行へ行きますか。

英語 / えいご / English

(1) Where is your house?

(2) Where is your company?

(3) What city are you from?

(4) Where did you buy that book?

(5) Where were you yesterday?

(6) Where are you going to go tomorrow?

(7) Where will you go on a trip during the winter vacation?

ひらがな / Hiragana

(1) あなたのいえはどこですか。

(2) あなたのかいしゃはどこにありますか。

(3) あなたはどこのまちのしゅっしんですか。

(4) あなたはそのほんをどこでかいましたか

(5) きのう、あなたはどこにいましたか。

(6) あした、あなたはどこにいくよていですか。

(7) ふゆやすみちゅう、あなたはどこにりょこうへいきますか。

ローマ字 / Roman letters

(1) Anata no ie wa doko desu ka?

(2) Anata no kaisha wa doko ni ari masu ka?

(3) Anata wa doko no machi no shusshin desu ka?

(4) Anata wa sono hon o doko de kai mashita ka?

(5) Kinô, anata wa doko ni ima shita ka?

(6) Ashita, anata wa doko ni iku yotei desu ka?

(7) Fuyuyasumi chû, anata wa doko ni ryokô e iki masu ka?

や (ya): and

Meaning:
and

The particle ya (や) is used to list more than one noun, except it is used for an incomplete list. It implies that there are other items that are not listed.
や is used to link nouns in an incomplete list.

Formation:
Noun + や + Noun

日本語 / にほんご / Japanese
(1) 私は日本の神社や寺に行ったことがある / 行ったことがあります。
(2) 部長はアメリカやアフリカに行ったことがある / 行ったことがあります。
(3) 私の弟は、サッカーや野球が下手だ / 下手です。
(4) ベッキーはピアノやギターを弾くのが上手だ / 上手です。
(5) 私の娘は、ラーメンやパスタが好きだ / 好きです。
(6) 明日の授業では、日本語の文法や漢字について勉強しよう / 勉強しましょう。

英語 / えいご / English

(1) I have been to Japanese shrines and temples.

(2) The department manager has been to America and Africa.

(3) My brother is poor at playing soccer and baseball.

(4) Becky is good at playing the piano and the guitar.

(5) My daughter likes ramen and pasta.

(6) Let's study Japanese grammar and kanji in the class tomorrow.

ひらがな / Hiragana

(1) わたしは にほんの じんじゃ や てらに いったことが ある / いったことが あります。

(2) ぶちょうは あめりか や あふりかに いったことが ある / いったことが あります。

(3) わたしの おとうとは、さっかーや やきゅうが へただ / へたです。

(4) べっきーは ぴあのや ぎたーを ひくのが じょうずだ / じょうずです。

(5) わたしの むすめは、らーめんや ぱすたが すきだ / すきです。

(6) あしたの じゅぎょうでは、にほんごの ぶんぽう や かんじについて べんきょうしよう / べんきょうしましょう。

ローマ字 / Roman letters

(1) Watashi wa Nihon no jinjya ya tera ni itta koto ga aru/ itta koto ga arimasu.

(2) Buchô wa Amerika ya Afurika ni itta koto ga aru/ itta koto ga ari masu.

(3) Watashi no otôto wa, sakkâ ya yakyû ga heta da/ heta desu.

(4) Bekkî wa piano ya gitâ o hiku no ga jôzu da/ jôzu desu.

(5) Watashi no musume wa, râmen ya pasuta ga suki da/ suki desu.

(6) Ashita no jugyô de wa, Nihongo no bumpô ya kanji ni tsuite benkyô shiyô / benkyô shimashô.

より ~ のほうが ~ (yori ~ nohouga ~) "is more ~ than"

Meaning:　more than

You use より ~ の方が ~to make comparisons in Japanese.

Formation:

Noun 1 より Noun 2 の方が adjective

Verb-phrase 1 より V-phrase 2 方が adjective

い -adjective 1 より い -adjective 2 方が adjective

な -adjective 1 より い -adjective 2 な方が adjective

日本語 / にほんご / Japanese

(1) 妹は猫より犬のほうが好きだ / 好きです。

(2) 私は秋より春のほうが好きだ / 好きです。

(3) 昨日より今日のほうが暑い / 暑いです。

(4) 私はコーヒーよりお茶のほうがいい / いいです。

(5) 彼のほうが兄より背が高い / 高いです。

(6) 大塚さんより上野さんのほうが水泳がうまい / うまいです。

(7) 社長は、水曜日のほうが土曜日より都合がいい / いいです。

英語 / えいご / English

(1) My sister likes dogs better than cats.

(2) I prefer spring to autumn.

(3) It is hotter today than it was yesterday.

(4) Tea is better than coffee.

(5) He is taller than his brother.

(6) Mr. Ueno is better at swimming than Mr. Otsuka.

(7) Wednesday is more convenient than Saturday for the president.

ひらがな / Hiragana

(1) いもうとは いぬのほうが ねこより すきだ / すきです。

(2) わたしは あきより はるのほうが すきだ / すきです。

(3) きのうより きょうのほうが あつい / あついです。

(4) わたしは こーひーより おちゃのほうが いい / いいです。

(5) かれのほうが あにより せがたかい / たかいです。

(6) おおつかさんより うえのさんのほうが すいえいが うまい / うまいです。

(7) しゃちょうは、すいようびのほうが どようびより つごうが いい / いいです。

ローマ字 / Roman letters

(1) Imôto wa neko yori inu no hô ga suki da / suki desu.

(2) Watashi wa aki yori haru no hô ga suki da / suki desu.

(3) Kinô yori kyô no hô ga atsui / atsui desu.

(4) Watashi wa kôhî yori ocha no hô ga î / î desu.

(5) Kare no hô ga ani yori se ga takai / takai desu.

(6) Ôtsuka-san yori Ueno-san no hô ga suiei ga umai / umai desu.

(7) Shachô wa, suiyôbi no hô ga doyôbi yori tsugôga î / î desu.

■ A simple way to build vocabulary in a foreign language through the Read-Aloud Method

What can you do to build your vocabulary in your target foreign language? I would like to introduce one of my methods to build vocabulary effectively.

Some people use word books, flash cards, and smartphone applications to build vocabulary. I have tried such methods during junior high school days. However, I concluded that those methods were inefficient, and I have stopped using them. I am always interested in how words and expressions that I try to remember are used in a specific context. If I remember words and expressions without context, I will not be able to use the words and expressions with confidence in communicating with others (not only speaking but also writing). That's why I do not like to remember words and expressions without context. For example, I heard the word "to boost" for the first time in my workplace. My coworker said that we needed strategies to boost our app downloads. Since I worked for a company that provided apps for consumers at that time, it was not difficult for me to imagine that to boost something means "to increase" or "to improve" something.

After that, I began to wonder if I could use this expression with language skills and memorization techniques. After checking several articles related to language skills, I found many writers used "to boost" with language skills or memorizing. Since then I have been using the expression in actual conversation including in my Japanese lessons. For instance, "You can boost your Japanese communications skills with this method!"

Memorizing Words and Expressions in Context

I always try to remember new words and expressions by reading short articles and stories. This helps me remember not only new words and expressions but also how to make sure they are used in a specific context and fit together with other words and expressions. As a result of this method, you can confidently use words and expressions you acquired without hesitation in real situations. This is a very important point, especially when speaking a foreign language. If you try to figure out whether words and expressions are suitable or not while speaking, it will be difficult for you to continue a conversation smoothly.

There are multiple advantages to remembering new words and expressions through articles and stories. Unlike computers, human beings are not good at memorizing things just through mechanical input without any ingenuity. On the other hand, we are good at memorizing information linked to a specific context.

Context shapes the meaning in all communication. Content is a narrative. Most of our ways of understanding the world are narratives of one form or another. They help us remember new words and expressions we're trying to learn. Because understanding and memory are intertwined we shouldn't be surprised that they are also very powerful mnemonic devices.

Learning method

My learning method is not complicated at all. You just need to read out loud (not silently!) articles or short stories that contain the words and expressions you want to acquire while thinking of the meaning of the words, sentences, and paragraphs. When reading out loud, we form auditory links in our memory pathways. We remember ourselves saying it out loud, and so we not only form visuals, but we also form auditory links. Reading out loud causes us to remember better.

Time your reading and record the date and time

Time your reading with a stopwatch or a clock. Read each sentence out loud while trying to understand it. Record the date you read the text, and time how long it took you to finish reading the material from beginning to end. When you start working on new content, you will notice that the time required to finish reading gets shorter and shorter each time you read it aloud. It means you have become faster at reading. Reading aloud over time will speed up your brain's ability to recognize and understand expressions, sentences, and the whole content. With this method, you can see the growth quantitatively and objectively. This will

Vocabulary Building through Read-Aloud Method

1. Pick a reading material such as a newspaper article or a short story.

2. Time your reading with a stopwatch or a clock.

3. Read each sentence out loud and try to understand as you read.

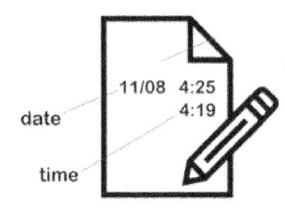

4. Record the date and time how long it took you to finish reading the material from the beginning to the end.

date — 11/08 4:25
time — 4:19

give you motivation to keep up your studies. Though it might feel tedious to do this over and over, timing your reading makes you notice even small changes in your growth. For example, you may feel that you are able to read some content very quickly. The reason why I always record the date is so that I can see how long ago I read that piece. For example, when I pick a piece to read, and I can see the date I last read it, I might think, "Oh, I haven't read this content in a few months. Let's refresh my memory which I might have lost..." The date tells you the timing when you need to refresh the memory.

How to pick content (articles or stories)

Regarding content, I consider it best to choose pieces that you can finish reading within 5 minutes or less. In my case, I find it a bit difficult to concentrate over 8 minutes. However, what should we do with long content that takes more than 5 minutes to read? If you finish reading the content within 7 minutes on the first round, you could shorten the time within 5 minutes after reading it out loud several times. On the other hand, if it took more than 8 minutes, it seems difficult to shorten it within 5 minutes. In that case, please divide the text into two, the first half and the second half. For example, there are long articles that take about more than 20 minutes to finish reading in total; I divide them into four parts.

Increasing the number of pieces to read aloud

When you read one piece 15 times or more, you will be able to understand not only its surface meaning but also its themes and deeper meanings as well as visualize it more specifically. Of course, I'm sure that you will remember the words and expressions used in it during the entire reading process. Once you feel you fully understood the piece and remembered the words and expressions, it is time for you to add new content to increase your vocabulary.

After reading aloud the new content many times, please go back to previous content and read that aloud again to refresh your memory of words and expressions that you might have forgotten. If you repeat this process, you can keep words and expressions in a fresh state, and they become committed to long-term memory. As a result, you will be able to use them whenever you need them. I hope this is useful for you.

■ Free Report available

How to Speak Japanese: The Faster Way to Learn Japanese

JAPANESE Right Now!
INSTALL JAPANESE LANGUAGE OS INTO YOUR BRAIN

How to Speak Japanese:
The Faster Way to Learn Japanese

SCAN ME

This report is written for the following types of Japanese learners:

• Japanese learners who are new to learning Japanese and want to learn Japanese not only to understand but also to speak it.

• Japanese learners who have a good knowledge of Japanese vocabulary, grammar and can read, but find it difficult to speak.

■ Japanese Lessons

If you are interested in my Japanese lesson, you can book it in the following URL:

https://www.italki.com/teacher/2757272

This is an online lesson on a one-on-one basis for practicing Japanese with the Sentence Pattern Method and the Read-aloud Method.

You can have lessons no matter where you are via web video platform like skype or zoom.

■Online Course

Learning the Japanese Language Effectively

In this online course, you will find not only effective ways to learn Japanese, but also my experiences to find a way to this unique way of learning the language, as well as more specific learning methods that are not covered in the book series. I recommend this online course to anyone who wants to get the most out of the Japanese Sentence Pattern Training Books Series.

■ Send Us Your Feedback

Your feedback is highly appreciated and will help us to improve our books.

Please send your opinions and feedback to the following the author'address.

akuzawa@gmail.com

Japanese Sentence Patterns Training Book Series

Paperbacks
Japanese Sentence Patterns for JLPT N5 : Training Book
Japanese Sentence Patterns for JLPT N4 : Training Book
Japanese Sentence Patterns for JLPT N3 : Training Book
Japanese Sentence Patterns for JLPT N2 : Training Book Vol.1
Japanese Sentence Patterns for JLPT N2 : Training Book Vol.2
Japanese Sentence Patterns for JLPT N1 : Training Book Vol.1
Japanese Sentence Patterns for JLPT N1 : Training Book Vol.2
Japanese "Question" Sentence Patterns Training Book

eBooks
Japanese Sentence Patterns for JLPT N5 : Training Book
Japanese Sentence Patterns for JLPT N4 : Training Book
Japanese Sentence Patterns for JLPT N3 : Training Book
Japanese Sentence Patterns for JLPT N2 : Training Book
Japanese Sentence Patterns for JLPT N1 : Training Book
Japanese "Question" Sentence Patterns Training Book

Printed in Great Britain
by Amazon